天 地 人

영성을 맑히고 영혼을 자유롭게 하는

Soul Free System

Purifying your spirituality and freeing your soul

영성을 맑히고 영혼을 자유롭게 하는

太空 Soul Free System

깨달음에 드는

Buddha System

영문 번역본 첨부

English translation attached

太空 현 정

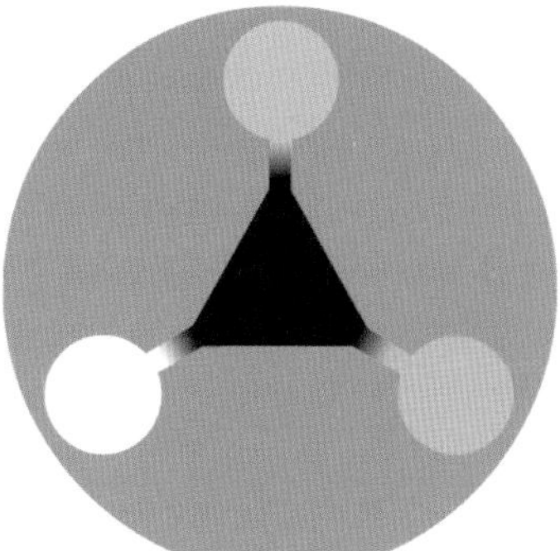

한누리미디어

서문

생명의 존재는 본래 투명한 빛이다.
빛은 영성적인 동시에 물리적인 존재로 보인다.
눈에 보이는 빛은 물리적인 존재이며
눈에 보이지 않는 빛의 에너지장은 영성적인 존재일 것이다.
이 투명한 빛이 개성을 띄며 고유한 빛으로 한정되어진다.
다시 투명한 빛으로 돌아가는 것이 본래의 나로 돌아가는 것이다.

여러 색의 빛이 가진 눈에 보이지 않는 건강한 에너지장이 작용하는 물리적 공간을 〈Soul Free System〉이라 하였다.

이런 영성적인 공간을 만드는 것이 지금의 기술로는 쉽지 않을 것이다.
사람의 aura 등을 찍는 영상기술은 가능하나 영혼을 찍는 기술은 아직 미흡한 걸로 알려져 있다.
그러나
과학기술이 하루가 다르게 빠른 속도로 눈부신 발전을 하고 있다.
이 문제는 머지않아 해결될 것으로 기대된다.

청소년을 비롯해서 많은 사람들이
우울증 자살충동 빙의 정신질환 등으로 고생하고 있다.
스님 목사 신부 무당 퇴마사 등이 이 일들을 하고 있지만
그 결과에 대해 제대로 증명은 못하고 있다.

이 작업을 과학적으로 진행하려고 한다.
관심 있는 사람들이 이 아이디어를 계속 연구 발전시키고
〈Soul Free System〉이 완성되어 영적 상처가 치유될 수 있다면
그보다 좋은 일은 없을 것이다.

이 〈System〉을 활용해 많은 사람들 특히 청소년들이
우울증 자살충동 정신질환 빙의 등에서 벗어날 수 있을 것이다.

더 나아가
오랜 수행을 하지 않고도
〈Buddha System〉으로 붓다의 깨달음의 길을 여는 날도 올 것이다.

〈Soul Free System〉은
심리적 정신적 영적 치유를 하는 Mechanism이다.
〈Buddha System〉은
깨달음에 이르는 Mechanism이다.

저자가 추구하는
〈Soul Free System〉의 최종 목적지는
개인적인 노력으로 부처가 되는 게 아니라,
영성적인 시스템이 부처의 깨달음의 길을 열게 하는
〈붓다시스템; Buddha System〉이다.

우리 인간의 진화가
우리 모두 부처가 되어야 끝난다고 가정한다면
이 '시스템' 이 그 기간을 단축해 줄 수도 있을 것이다,

이 책을
영성에 대한 물리적 단초를 제공하는 〈연구보고서〉로 이해하시라.
영어권을 비롯해서
그 누군가가 이 연구를 계속 이어가기를 기대한다.

太空 현정

Jung Hyun

빛의 치유

— 보이지 않는 빛의 치유 —

빛은 영성적이며 물리적인 존재다.
눈에는 보이지 않지만
여러 가지 색의 빛이 가진 본래의 기능은 잃지 않고
각각의 빛이 가진 에너지장의 힘으로
치유하는 분야

투명 에너지장: 모든 차원을 명징하게 정화한다
백색 에너지장: 영성계의 삿된 기운을 청소한다
금빛 에너지장: 생명을 기르고 진화시킨다

2부 태공太空의 영적 체험과 관련 메시지들

3부 한 가족사

첨부

부록

Part 1 Soul Free System

Part 2 spiritual experience and related messages of Taegong

Part 3 A Family History

Attachment

天 地 人

1부

Soul Free System

〈Soul Free System〉 연구소

-보이지 않는 빛의 치료법-

빛은 영성적이며 물리적인 존재다.
눈에는 보이지 않지만
여러 가지 색의 빛이 가진 본래의 기능은 잃지 않고
각각의 빛이 가진 에너지장으로
치유하는 방법을 연구한다

- System 공간 -
*슈만공진이 늘 유지된다
*영성을 Up-Grade 시키는 공간
*영적 변화를 모니터링하는 기계장치

영성 힐링센터로 활용

- 개인 멘토링
- 카페 분위기
- 쉼터

연구 보고서

이념

- 명분이 있는
- 목표가 뚜렷하고
- 사회에 공헌하는... 신패러다임!
- 지적 사업이고
- 교육사업이며
- 사람을 이롭게 하며 사람과 사람이 만나는 장(場)

* 위치; -----

분위기; 북카페 타입(마음이 열리는... 편안한...)

내부; 천장—투명청색

좌측—백색

우측—금빛

정면—노란색 톤(흰 나비와 청소년 그림)

문쪽—보라

비품; 개인책상, Round Table, 의자 7개, Note Book, 프린터,

오디오시스템, 책꽂이, 커피세트, 정수기, 냉장고, 조명 등

사업자등록증

〈Soul Free System〉 명함

* 사무실을 7.83Hz의 슈만공진 상태로 유지한다.
* 편하게 대화를 나눌 수 있는 카페 분위기

〈Soul Free System〉 기초이론 정리 등을 한다.

* 〈Soul Free System〉, the Master Chamber, the Super Ball을 연구 마무리한다.

목표

- 빙의를 해소시켜 두 영혼을 자유롭게 한다.
- 우울증 등 심리적 정신적 질병을 치유한다.
- 자살률을 낮춘다.
- 영적 치유가 끝난 후에는 I-Search Program 심리상담기법 등으로 정상적인 생활을 하도록 돕는다.

* 몸(물질)과 영혼(비물질)이 만나는 마음을 물리적으로 정화시켜 영성을 밝히고 영혼을 자유롭게 한다.

* 깨달은 자들이 뿜어내는 (초)능력의 근원 뿌리는 무엇인가? 어디인가? System적인 활용방법은?

* 임계점을 넘어 자발적 창발이 일어나도록 선택-집중-기도 정진하는 방법은?

* 깨달음에 이를 수 있는 〈Buddha System〉 물리적 공간을 만들어 낼 수 있을까?

* 참나의 경계를 물리적으로 밝힐 수 있을까?

* 영혼의 존재 영성에너지를 물리적으로 밝힐 수 있을까?

실천 아이디어

- 〈Soul Free System〉: 〈눈에 보이지 않는〉 1st(투명) Chamber, 2nd(백색) Chamber, 3rd(금빛) Chamber의 각 장에 흐르는 에너지로 영성을 밝히고 영혼이 자유로워지도록 하는 장치가 있는 공간.
- the Master Chamber; 〈Soul Free System〉의 1st 2nd 3rd 에너지가 물리적으로 통합 작용하는 실제 공간.
  the Master가 원격치유 성취해 내는 (가상) 공간.
  the Master Chamber 안에서 치유.
- the Super Ball; 영적 치유 치료하는 현실적이고 강력한 마무리 System.
- 운運을 열고 원願을 발하다: 소원을 이루는 기도방법.

＊ I-Search Program
치유 치료된 후 왜 이런 아픔이 왔는지를 깨우치도록 이끌며 재발 방지 마무리한다.

＊ 〈Soul Free System〉은 〈눈에 보이지 않는〉 투명~백색~금빛의 물리적인 작용의 힘으로 치유한다. 기도 발원 축원은 보조적으로 쓰일 수 있다.
＊ 〈금빛 에너지장〉은 현실계(3차원)의 발원을 이루어 내는 힘으로 작용하고 〈백색 에너지장〉은 영성계(4차원)의 삿된 기운 탁한 기운을 청소하고 〈투명 에너지장〉은 3~4차원의 모든 기운을 명징하게 정화시키는 작용을 한다.
＊ 투명 에너지장이 백색이나 금빛 에너지장을 만드는 것보다 더 어려우면 우선, 백색 에너지장과 금빛 에너지장으로 영성계와 현실계의 치유 치료를 먼저 해 볼 수도 있을 것이다.

〈Soul Free System〉을 개발해야 하는 이유

- 상담자에게
  영적인 위험성이 없이 누구나 치유가 가능하다.
- 상담자의
  영적 치유 능력에 상관 없이 치유가 가능하다.
- 상담자가
  자칫 받을 수 있는 영적 손상이 전혀 없다.
  (기계적 물리적으로 치유하는 과정이므로)
- 내담자에게 심리적인 부담감이 없이 진행할 수 있다.
- 내담자의
  영적 상태에 따라 계속 올라올 수도 있는 탁한 영혼들의 뿌리까지 치유가 가능하다.
- 내담자가
  의식하지 못하는 사이에 치유가 되는 여유로움이 있다.
- 내담자의
  경제적 부담이 적다(없다).

* 상담실 내에 슈만공진의 7.83Hz 주파수가 흐르도록 한다.

* 적절한 범위내에서 기능별 치유 chamber를 활용하며 순일하게 치유되도록 한다.

〈참고〉
정신적으로 건강한 사람의 뇌 에너지장을 복사 전사시켜 치유할 수도 있을 것이다.

〈Soul Free System〉을 개발하게 된 동기

- 영적 치유능력을 가지고 쓰는 자들이여!
  왜 이 능력을 비싸게 파는가?
  개인적인 발명품도 소유물도 아닌데...

- 개인적으로 가까이서 체험하는 기회가 있었고
  특히 어려서 영적으로 한 번 깊은 상처를 받으면
  평생 고생하는 것을 보다.

- 개인적인 능력이 아닌
  〈System적으로 해결〉하며
  합리적으로 과학적으로 풀어야 한다는 소명감을 갖게 되다.

Study Group 참가자격

- 영성계의 존재(영혼)도 한 생명으로 생각하고
  빙의한 생명과 빙의된 생명
  두 생명에 깊은 연민과 애정을 느낄 수 있는 사람.
- 영적(치유) 체험이 있는 사람.
- 이 System 개발에 사명감을 느끼고
  돈벌이로 생각하지 않을 수 있는 사람.
- 일반 사람들이 이 System을
  합리적 과학적으로 이해하고 받아들일 수 있을 때까지
  함께 노력할 수 있는 사람.
- 신앙인이라도 자기가 믿는 종교에 갇혀 있지 않고 open된 사람.
- 집단지성으로 〈How To〉를 끌어내는 데 공감하는 사람.
- 자신의 공헌을 경제적으로 주장하지 않을 수 있는 사람.
- 모든 과정을 개인이 아니고 Group 성과로 인정할 수 있는 사람.
- 〈Soul Free System〉을 누구나 쓸 수 있도록
  공개(open source)하는 데 이의가 없는 사람.

＊ Study Group은 우선 3인으로 시작해서 5인으로 늘리고 7인을 완성으로 본다.

＊ Band와 Blog
Blockchain AI 등도 활용하도록 한다.

〈Soul Free System〉 관련 대화시 상대방과 나누는 주제

- 본인이 영적(치유) 체험이 있는가?

- 영격이 높은 사람이 영적인 힘으로
  다른 사람의 영혼에 변화를 일으킬 수 있다고 보는가?

- 그렇다면
  이러한 영적 변화를
  과학적 합리적으로 증명할 수 있을 것이라고 생각하는가?

- 영성의 길을 바르게 열어
  영혼이 제대로 하늘나라로 갔는지를
  확인할 수 있는 방법은 어떤 것이 있다고 생각하는가?

- 스님 목사 신부 무당 퇴마사 등의 영적 치유가
  제대로 되었는지를 알아야 한다고 생각하는데 동의하는가?

〈Soul Free System〉 상담원칙

- 〈Soul Free System〉 체험 사례를 위한 상담이다.
- 찾아오는 인연만 치유한다.
- 긍정적인 반응이 있을 때만 한다.
- 함께 노력하지 않으면 중지한다.
- 일반 심리상담을 원칙으로 한다.
- 문제점이 발견되면 계속 해결하며 진행한다.
- 부정적 메시지가 강하거나 무겁고 벅차게 느껴지면 중지한다.
- 경제적 부담은 상대에게 맞추며 가능한 한 부담이 적게 진행한다.

I-Search Program

(이 과정으로 재발을 방지한다.)

- 〈Soul Free System〉으로 치유 후
  내가 나이게끔 하는 마무리 과정.
- 〈심리상담요법+성현들의 가르침 등〉으로 편성.
- the Super Ball 기법을 활용할 수도 있다.
- 할 수 있다면 마음공부를 통해
  참나—깨달음—의 경계를 탐색할 수 있도록 돕는다.

* 싫어하고 두려워하는 것들
부정이 강하게 무의식에 작용함을 이해하며

이 두려움을
감사와 사랑으로 풀어 내보낼 수 있게 한다.

여러 상담기법들을 활용할 수 있다.

사고실험(thought experiment) 활용

〈Soul Free System〉에 적용

〈Soul Free System〉을

물리적 공간을 만들어 실험할 수는 없으나,

상상의 공간에서 Incubation Chamber, White Chamber, Gold Chamber, the Powerful Master Chamber, the Super Ball 등이 작용토록 하는, 사고실험을 통해 현실에서의 변화를 관찰한다.

기도나 Mind Map도 사고실험의 활용이라 볼 수 있다.

연구주제

- 우리 눈에 빛으로 나타나기 전의 물리적 화학적 단계는?
- 빛이 영혼에 미치는 영향
- 빙의 해소 원한 해소 영혼제도
- 우울증 자살 충동 해소
- 영적 질량을 높이고 영혼의 격을 UP-Grade
- 영적 심리적 갈등 해소 영적 상처 치유 치료
- 사고실험에 의한 가상공간을 활용 원격치유 치료

탐색하는 내용들

- 색깔별로 에너지장 또는 양자장이 따로 있는가?
- 빛의 보이지 않는 투명(에너지장) 백색(에너지장) 금빛(에너지장)으로 비정신상태를 치유할 수 있겠는가?
- 우리 눈에 빛이나 색으로 나타나기 전의 물리적 화학적 단계는?
- 인간계(현실계: 물질계)와 영성계(차원계: 비물질계)가 만나는 경계의 물리적 접근이 가능한가?
- 가시적인 (색깔)빛의 비가시적인... 양자역학적인... 파동적인... 접근이 가능한가?

  → 투명 백색 금빛의 양자역학적(파동적) 해석?
- 양자장으로 영성의 변화를 일으킬 수 있는가?
- 모든 색이나 빛깔은 각각 독특하고 완전히 차별화된 특성을 가진 오라(에너지장)을 가지고 있는가?
- 투명 백색 금빛 등 여러 색깔의 양자장들은 섞이면 서로 충돌할 가능성이 있는가?
- 깨달음의 자리가 물리적으론 양자진공 상태의 자리라 할 수 있을까?
- 깨달음의 경계를 물리적으로 접근 규명할 수 있을까?
- 슈만공진의 힌트를 살려 슈만공진의 場보다 훨씬 수승한 場의 흐름을 만들어 〈Soul Free System〉을 완성할 수 있을 것이다.
- 건강한 후성유전자(환경) 만들기(조성하기).
- 〈Soul Free System〉을 Blockchain화 한다.

첨단과학을 이용해 개발되어야 할 기기들

- 각 색깔 빛의 에너지장 측정기 개발.
- 여러 가지 색의 에너지장을 방출하는 기기
  (눈에 보이지 않는 -투명 백색 금빛- 광선 발생기)
- 영성 계발 기기
- 영격 변화 측정기
- 7.83 Hz 슈만 공진 발생기
- 물질과 비물질을 오가는 접속점의 물리적 계측방법
- 깨달음의 상태를 물리적으로 측정할 수 있는 기기

이미 개발된 관련 기계장치들 소개

〈강길전 교수 유튜브 양자의학 강의에서 인용〉

- 생명전기 생명전기자기장 측정기
- Kirlian의 사진기
- 일본 동북대학의 '생물 포톤(광자)' 측정장치
- 아우라 촬영

  미국의 Inneractive Enterprises 회사가 만든

  아우라 비디오 스테이션

  미국의 Progen 회사의 윈 아우라 기계
- 레인; 초양자 발생장치
- 러시아 콘스탄틴 코로토코프 GDV(gas discharge vizualization)

  에너지장을 촬영하는 장치, 가스 방전 시각화 장치, aura 측정
- 틸러의 HRD

  사람의 마음을 담아 둘 수 있는 특별한 전자 장치

  -의도 저장 전자 장치- 마음을 저장하는 전자 칩
- 마음 → 기 → 전자 혹은 광자
- 아르곤 프라즈마; 저온 프라즈마 발생장치
- 바이오 피드백

  명상상태 즉 알파파 상태에 도달하면

  삐삐 소리를 내게 하는 전자 장치

  명상상태 즉 세타파 상태에 도달하면

  삐삐 소리를 내게 하는 전자 장치
- 마음의 거울(mind mirror)
- 전자 귀(Electronic Ear)
- 물방울 레이저 프라즈마를 이용한 물의 기화술을 충치 치료에 이용

- 하트매츠 연구소; '사람의 감정' 을 측정하는 장치
- Mind Switch; 마음을 전송하는 기계
- Neurophone; 피부로 듣는 장치
- PIP(Polycontrast Interference Photography);
  영혼을 찍을 수 있는 장치, 다층 대조 간섭 사진술, 스트레스 진단
- 복합 대조 간섭을 찍을 수 있는 장치
- 위상 오라메타(phase aurameter)
- 공명 에너지장 영상술
- Hunt 오라메타
- EIS; 전자 간질 스캔장치
- BICOM(Biological COM-PUTER)
- Quantum Magnetic Resonance Analyzer
- AlphaStim; 미세전류 치료기
- CES; 불안 우울 및 불면증(뇌전기 자극 요법)
- SCENAR; 자기 조절 에너지 신경 피드백 장치
- HRV(Heart Rate Viability); 스트레스 진단
- HRV 도구; 유비오 맥파
- Hair Mineral Analisys; 모발 미네랄 검사
- 팬들럼; 진동추
- VIBE machine; -Biocharger, PAPIMI, -PEMP
- Rafe machine; plasma wave 발생장치+주파수 발생장치
- Priore machine
- Biotron; by 러시아의 짱칸젠
- REG (randum event generator); 난수 발생기
- ASCID; 의식의 변성상태 유도장치
  1970년 초반 휴스톤 수련 사범 고안, 부작용으로 중지

일지 내용

- 매일일과
- 방문자
- 시간
- 대화내용
- 환경
- 교감
- 결론

* 설문지

일지 쓰고 정리하기

Daily → Weekly → Monthly → Quarterly → Yearly

일지 정리해서 책으로 묶기

1년 → 3년 → 7년 → 10년 → 15년

치유방법

- 1st System
  〈Indivisual Solution〉

- 2nd System
  〈빙의 해소 Solution〉

- 3rd System
  〈the Master Solution〉

* the Master Chamber
〈the Master의 사고실험에 의한 원격치유도 가능〉

* the Super Ball에 의한 the Master의 원격치유

근본원리

〈눈에 보이지 않는〉

투명
백색 ─ 의 색깔별 빛의 에너지장을
금빛

일정한 공간에 흐르게 하여
영혼 영성을 정화시켜 치유하고자 함.

- 〈Soul Free System〉은 보이지 않는 〈빛의 치유법〉
- 〈Soul Free System〉은 눈에 보이지 않는 색깔별 에너지(투명 백색 금빛)장의 작용으로 치유하는 Mechanism이다.
- 영혼을 정화 Up-Grade 시킨다.

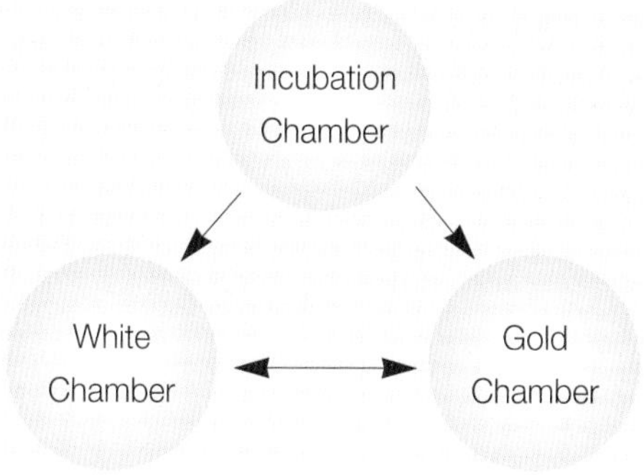

* 영혼 영성 Aura의 색깔 변화 촬영 → 증명
〈PIP 사진술 및 Aura 사진 활용〉

* 서로 간섭이 일어날 수 있으므로
투명 → 백색 → 금빛 순서로 진행한다.

the First System

〈Indivisual Solution〉

- 일정한 장소에서
- 개인을 치유하는 방법.
- 장애소멸 ➔ 문제해결 ➔ 치유치료

＊ Incubation Chamber 〈투명 에너지장〉

- 명징하게 정화시킨다.
- 현실계 영성계 정화.
- 청정 에너지장(몸과 영성을 청정하게).

＊ White Chamber 〈백색 에너지장〉

- 삿된 기운 탁한 기운 청소.
- 영성계 청소.
- 영적 장애 제거

＊ Gold Chamber 〈금빛 에너지장〉

- 현실계 치유 치료.
- 정상기능 회복 ➔ 문제해결

＊ 노란색(연록색); 목표달성.

＊ 보라색; 방어벽.

＊〈금빛 에너지장〉은 내담자의 문제를 해결하고 치유 치료케 하고 스스로 정화하는 힘을 키워 영적 질량을 높이고 영격을 Up-grade하는 에너지장이다.

＊〈백색 에너지장〉은 영성계의 삿된 기운 탁한 기운을 청소하고 현실계의 치유작용에 동참하며 영혼의 영격을 Up-grade하는 에너지장이다.

＊〈투명 에너지장〉은 현실계와 영성계의 삿된 기운 탁한 기운을 두루 명징하게 정화시켜 모든 장애를 정화시키는 에너지장이다.

＊Incubtion Chamber는 하늘기운을
White Chamber는 땅의 기운을
Gold Chamber는 사람의 기운을 북돋는다.

＊Gold Ball: 금빛 에너지장을 공의 형태로 상상 원격치유 시 마스터가 일정 신체부위 치유에 이용할 수 있다.

＊Gold Band: 금빛 에너지장을 band 형태로 상상 원격치유 시 마스터가 일정 신체부위 치유에 이용할 수 있다.

the Second System

〈빙의 해소 Solution〉

- 일정한 장소에서
- 빙의를 해소시켜
- 두 영혼을 자유롭게 하다.
- 과학적인 증명이 필요하다. (뒤에 설명)

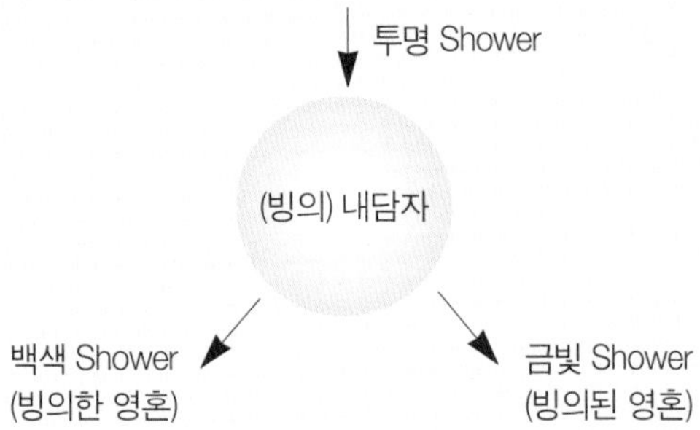

- 빙의는 몸을 갖은 존재와 갖지 못한 존재 간의 영역 싸움이고 영적 얽힘이다.
- 2nd System으로 삿된 기운의 근본 뿌리까지 정화시키고 갈등의 근본을 해결하고 두 영혼을 분리시켜 치유한다.

* 치유과정 보기
- 빙의된 사람의 신체 에너지장을 스캔하면 2개의 영적 에너지가 보일 것이다.
- 투명한 빛(건강한 에너지장)을 투사 변화시키면
- 빙의한 영혼(백색 에너지장 투사)은 영성계로 빠져 나가고
- 빙의 된 영혼(금빛 에너지장 투사)만 자신의 육체에 남은 것이 보일 것이다.

the Third System

〈Master Solution〉

● 일정한 장소에서

● 우울증 자살충동 등을 해소시킨다

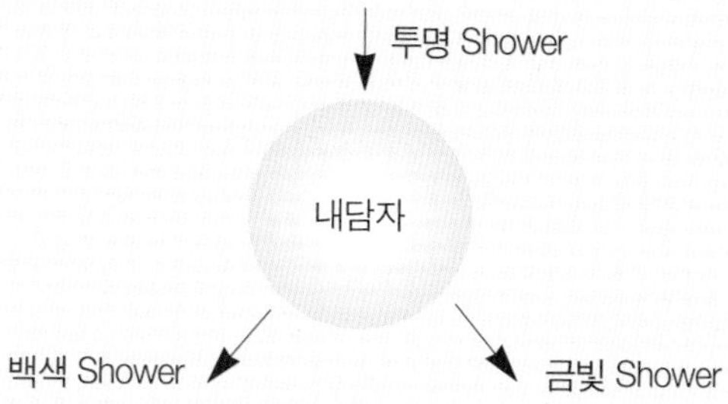

● 삿된 기운 탁한 기운이 소멸(fade out)하고 명징하게 정화되어 영성이 맑아지고 밝아진다.

* 치유과정 보기

〈Aura의 색깔을 촬영〉

- 검붉은 계통의 영혼의 색깔이 희고 노란 맑고 순한 색 계통의 밝은 색으로 바뀐다.

* 이 방법은

몸을 치유하는 데도 활용할 수 있다.

the Master Chamber

〈the Master의 사고실험에 의한 원격치유도 가능하다〉

● 통합 Master Chambe

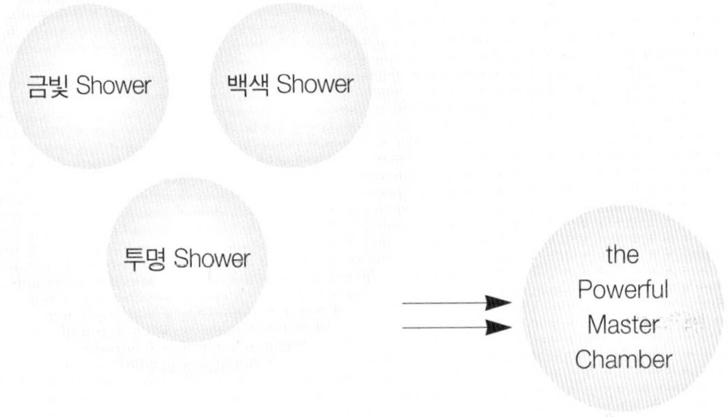

● 현실계용 Master Chamber.;

금빛 샤워 ← 백색 샤워 ← 투명 샤워

● 영성계용 Master Chamber.;

백색 샤워 ← 투명 샤워

＊ the Master의 염력으로~ 기도로~ 원격치유도 가능하다.

장소에 구애받지 않고 상대방(내담자)을 있는 그 자리에 그대로 놔두고 치유한다.

the Master Chamber 만들기

〈사고실험을 활용한 가상공간〉

(몸 fade-out... 생각 fade-out...)

(텅~ 빈 가운데... 맑고 밝고 투명한... 참나-진리- 안에서)

- the Powerful Master Chamber on~~:
  Incubation Chamber 작용; 〈투명〉 에너지~ 명징하게 정화되다.
  White Chamber 작용; 〈백색〉 에너지~ 탁한 기운 청소하다.
  Gold Chamber 작용; 〈금빛〉 에너지~ 건강하게 치유되다.

- 명징하게 정화되고... 탁한 기운 청소...
  금빛 에너지장 안에서 건강하게 치유되다.

- 〈원을...〉
  〈뜻을...〉
  〈꿈을...〉 이루다.

- 원을 원만하게 성취하고 장애를 소멸시키는
  System-Maker, System-Master.

* Gold Ball: 금빛 에너지장을 공의 형태로 상상 원격치유 시 마스터가 일정 신체부위 치유에 이용할 수 있다.

* Gold Band: 금빛 에너지장을 band 형태로 상상 원격치유 시 마스터가 일정 신체부위 치유에 이용할 수 있다.

the Master의 원격치유

〈the Super Ball〉을 활용하다.

the Super Ball: 투명 백색 금빛 세 가지 색이 함께 통으로 돌면서 강렬하고 매끄럽게 내담자에게 전달되어 마무리하는 힘을 갖고 있다.

Gold Ball과 Gold Band도 원격치유에 활용할 수 있다.

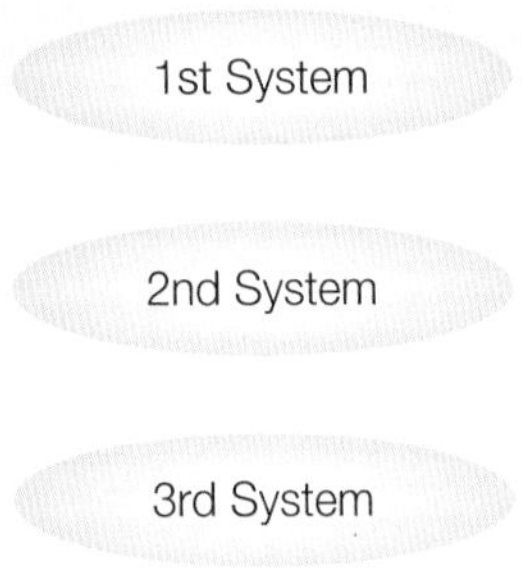

〈the Super Ball〉은
투명~ 백색~ 금빛~ 샤워의 힘만으로는
치유가
원만하고 매끄럽고 순하게 이루어지지 못할 때
강력한 힘으로 진행시킨다.

인연들의 영성을 밝히고
영혼을 자유롭게 하며
모순을 깨고 치유 치료
성공 성취케 한다.

과학적이고 합리적인 접근 → 증명하기

〈the Second System의 풀이〉

● 영적 존재의 변화과정을 촬영한다

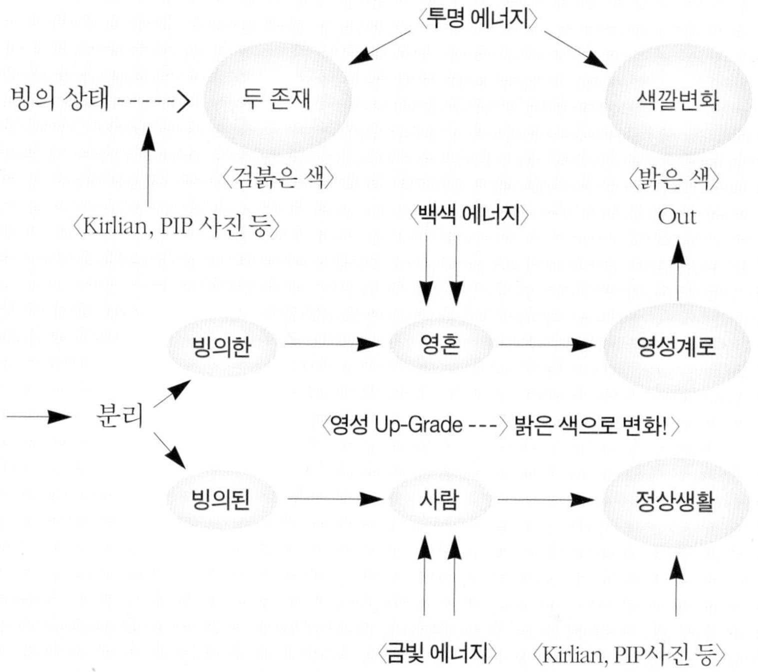

- 빙의된 사람의 신체 에너지장을 스캔하면 2개의 에너지 장(영혼)이 나타날 것이다. 여기에 투명한 에너지장을 투사하면 색깔이 밝게 변화하며 빙의한 영혼과 빙의된 영혼으로 분리될 것이다.

빙의한 영혼에 백색 에너지를 투사해서 Up-grade 시켜서 영성계로 가게 한다.

남아 있는 몸의 원래 주인인 빙의된 영혼에는 금빛 에너지를 투사해서 영격을 Up-grade 시켜 정상적인 생활을 할 수 있게 한다.

- 빙의는 몸을 갖지 못한 영혼이 몸을 가진 존재의 몸에 들어와 주인 행세를 하려는 영역 싸움이며 영적 얽힘이다.
〈Soul Free System〉은 이 얽힘을 풀어주어 각자 자기 자리로 돌아가게 한다.

- 평상시에도 〈투명+백색+금빛〉 에너지장이 흐르는 〈the Master Chamber〉 안에 있으면 영성이 맑고 밝아지고 편안한 마음 상태가 될 것이다.

- 우리는 이 〈Soul Free System〉을 활용해서
우울증이나 자살충동 등 정신적 영적인 장애를 치유할 수 있을 것이다.

- Block-chain 기술이 사람들이 서로 믿을 수밖에 없는 신뢰를 만들어 냈다.
이 〈Soul Free System〉은 기계적이고 물리적 그리고 시스템적으로
영적인 상처가 치유될 수밖에 없도록 만들어 낼 것이다.

- 〈Soul Free System〉은
〈영성을 맑히고 영혼을 자유롭게 하는 기초이론〉이고
the Powerful Master Chamber는 〈영적 치유 치료하는 장〉이며
the Super Ball은 〈영적 치유 치료를 빠르게 마무리하는 장〉이며
the Master가 원격치유할 수 있는 mechanism이다.

- 이 치유 목적과는 달리
탁한 에너지장이 인체에 나쁜 영향을 줄 수도 있을 것이다.
조심스럽게 접근해야 할 것이다.

- 〈Soul Free System〉은 눈에 보이지 않는 영적 차원의 작업이지만
과학적으로 합리적으로 누구에게나 설명할 수 있을 때까지
연구 개발되어야 한다.

기본적인 진행순서

〈진행 시간은 좀 더 연구해서 조정하며 개인 차이에 따라 변화를 준다.〉

● 진행 전: 내담자와 상담 일지기록
내담자의 영적 상태를 사진 찍는다.
(둘 이상의 영적 존재가 찍히거나 검붉은 색조의 영성이 찍힌다.)

● 1단계: 슈만공진으로 시스템을 운영한다. 〈5분〉
(내담자가 편안한 마음이 되게 한다.)

● 2단계; Incubation Chamber on～～〉〈10분〉
White Chamber on～～〉〈10분〉
Gold Chamber on～～〉〈10분〉
순차적으로 시스템을 운영한다.
(내담자의 영성이 순하게 변화할 것이다.)

● 진행 후: 내담자의 영적 상태를 다시 사진 찍어 점검한다.
(하나의 영적 존재가 찍히거나 밝은 색조의 영성이 찍힌다.)

● 후속조치: 내담자와 I-Search Program을 실행하며
마음을 정화시키는 상담 등으로
근본 원인을 스스로 치유하는 과정을 계속한다.

* 사례 1: 이모의 영적 제도 과정(뒤에 사례로 설명함).
(고양이 → 여치 → 종다리 소리로 변화)

* 사례 2: 어린 내담자 상담과정
(유치원 아동 때부터 초등학교 5학년까지 상담 진행).
(그림이 검붉은 색조 → 희고 노란 파란 초록 분홍 색조로 변화)

이 System의 두 가지 목표

I. 영적 치유를 할 수 있는 〈Soul Free System〉을 완성한다.

II. 맑고 밝고 투명한 에너지장의 힘으로 깨달음에 들 수 있는 〈Buddha System〉을 완성한다.

〈Buddha System〉은 〈Soul Free System〉의 Incubation Chamber 기능을 더욱 강화하면 가능할 것이다.

기초이론:

〈Soul Free System〉, the Master Chamber, the Super Ball

Buddha System

맑고 밝고 투명한 에너지장의 힘을 System화해서
누구나 그 힘으로 깨달음에 들 수 있게 한다.

〈Buddha System〉에 접속시켜
투명한 에너지장의 힘으로 깨달음의 경계에 들게 한다.

깨달음에 이루고자 하는 건강한 사람에게
〈System 공간〉 안에서

〈Gold Chamber〉
금빛 에너지장으로 생명을 기르는 〈텃밭〉
→ 〈White Chamber〉:
백색 에너지장으로 공활空活한 순수 〈에너지장〉
→ 〈Incubation Chamber〉:
투명한 에너지장으로
맑고 밝고 투명한 〈참〉에 들다.

힘든 수행을 거치지 아니하고도
붓다의 깨달음을 터득하는 날도 올 것이다.

영성을 맑히고
영혼을 자유롭게 하는
〈Seoul Free System〉과 〈Buddha System〉을 완성한다.

天 地 人

2부

태공太空의 영적 체험과 관련 메시지들

영적 체험을 바탕으로

〈Soul Free System〉
탄생하는 계기가 되다.

이 메시지들은

생활
꿈
명상
새벽 메시지
등을
바탕으로 작성되다

* 영적 사건
* 영적 치유
* 영적 체험
* 영성 관련 메시지
*〈Soul Free System〉 관련 메시지
* 태공太空 관련 메시지

〈붉은 글자는 영적 메시지임〉

영적 사건들

(모두 사례로 설명하였음)

* 나를 정말 화나게 한~

— 우리 형제자매 집안을 망가뜨린 이모 영가

⟶ 영성을 순화시켜 영성계로 보내다.

* 나를 가장 언짢게 한~

— 얼굴도 아무 것도 모르는 생모 영가

⟶ 영성을 순화시켜 영성계로 보내다.

* 나를 가장 놀라게 한~

— 생전에 한 번도 만난 적이 없는 돌아가신 지 40년이 넘는 장인이 불편함 호소하다.

⟶ 해소시키다.

— 죽은 식구가 집 문을 부수고 들어와 응원을 청하다.

⟶ 풀어 보내다.

— 처 이모님 꿈에 전화를 거시어 자손들에게 메시지를 전해달라 하시다. 다시 LA의 처제에게 응원 청하시다.

⟶ 자녀들에게 이모님 뜻을 전하다.

* 나를 가장 아쉽게 한~

— 한빛이: (손녀가 될 수 있었던 여아의 태명)를 못 받고 다른 곳으로 인연 지어 보낸 일.

⟶ 바른 인연 지어 보내 잘 했다는 메시지 받다.

* 나를 통쾌하게 한~

— 딸과 손주를 힘들게 한 삿된 기운의 영혼을 추적해서 굴복시킨 일.

⟶ 나에게 무릎 꿇고 사과하다.

— 딸네 중국 생활 쾌~하게 풀린 일.

⟶ 기도발원으로 바람직한 결과 이루다.

* 나를 신기하게 한~

— 원주 Car-sale 사고 시; 치는 주먹과 막는 손바닥.

⟶ 나를 둘러싼 긍정적인 힘이 부정적인 힘을 이기다.

— 딸 대학생 때 우리 외손주 둘을 미리 본 일.

⟶ 즐겁고 명확한 선몽.

— 딸 음대 입학시험장에서의 검은 기운 퇴치

⟶ 입학시험의 위기를 극복 입학하다.

— 〈Soul Free System〉을 영적 소명으로 깨닫다.

⟶ 앞생에 이 한반도를 지켜보고 있던 내 모습이 〈Soul Free System〉과 〈the Buddha System〉을 이루겠다는 소명이었다.

* 나를 답답하게 하는~

— 한 번 꺾인 경제 쾌~하게 풀리지 못하는 것.

⟶ 금구슬 푸대 열리고 경제 풀리고 있다.

영적 치유들

＊ 생모의 하늘길을 열기 위한 산기도

고려가방 뒤 마이아미 다방에 양 마담과 그 모친 딸 3대가 살다.
어느 날 아침 커피 마시러 올라가니 사주를 내놓으라 하다.
나는 절에 나가는 사람인 줄 알면서 새삼스레 웬 사주냐 하다.
오늘은 무조건 주고 나중에 이야기하자 하다.
나를 잘 알고 하는 이야기로 생각해서 사주를 주다.
어느 곳인가 전화를 걸더니 받으라 한다.
받아보니 아버님께서 어느 여인이 길을 막아 못 가신다 하다.
아버님께서는 영동세브란스 병원에서 암으로 몇 년째
누워 계신다.
굿을 해서 풀어 드리라 하다.
양 마담과 의논해서 연락한다 하고 끊다.
그날 새벽에 양 마담 모친 꿈에 저승사자가 와서 나를 찾아서 없다고
손사래 쳐서 보냈다 한다.
갈 사람이 가지 않고 버티고 있어 저승사자가 대신 그 아들을 데리러
왔단다.
풀어야 한다고 생각해서 사주를 달라고 한 것이다.
아버님을 위해서라도 한 번 해야겠다 생각하다.
돼지대가리 등 살생 없이 진행하고 집사람은 참석하지
않는다는 조건으로 산에서 굿을 하다.
조상님들이 차례대로 내려와 나에게 이야기하다.
돌아가신 할머니 목소리는 똑같았다.
공수가 3가지 내리고 다 잘 맞는 이야기였다.

—→ 밤 늦게 내려와 좀 찜찜한 기분 들어 혜화동 법화사 앞에서 부처님을 향해 합장하니 온몸을 청량한 기운이 돌며 가뿐해지다.

—→ 3가지 공수

1. 단전호흡 관련 선사가 준 지팡이를 집에서 치워라.
2. 직원 중 한 명은 인물은 훤하나 배신할 것이니
   내보내라. 〈이미 내보낸 직원〉
3. 집사람이 작은 어머님이 돌아가실 때 입었던 상복을
   아직 보관하고 있는데 치워라.
   이 3번째 공수 때문에 집사람에게 긋한 이야기를
   하게 되다. 그 상복을 꺼내 치우다.
   —→ 그날 밤 꿈에 생모께서
   분홍치마 노란 저고리에 환한 얼굴로 여러
   조상님들을 뒤에 모시고 좋아하는 모습 보이시다.

* 막내 이모 제도

7년 암으로 고생하시고 2년 반을 병원에서 고생하시던 아버님을 장지로 모시다. 그날 막내 여동생 병원에 입원시키다.
"도대체 어떤 놈이 우리 집안을 이렇게 만드는지. 내가 꼭 밝히겠다" 고 화를 내다.
입원한 동생을 보니 그 속에 또 다른 영혼이 있는 듯하다.
교회 목사님이 안수기도로 풀어보려 하였으나 못하다.
내가 절에 다니는 신도 소개로 스님에게 전화를 걸다.
"그 안에 어느 여인이 들어앉아 있네요" 하다.
"어찌하면 되겠습니까?" 묻다.
"우리 절로 데려오십시오" 하시다
"병원에 입원해 있어서 데리고 가기는 어렵습니다."

"그럼 힘이 더 드는데... 부인과 같이 3일 간
저희 절에 오셔서 기도 올리십시오" 하다.
첫날 기도 중에 '고양이' 가 둘째 날에 '여치' 가
셋째 날엔 '종달새' 소리가 기도 중에 들려서 언짢게 생각하다.
기도 마무리한 날 점심 식사 중 집사람에게 물었다.
"여보, 그제 어제 오늘 기도 중 고양이 여치 종달새 소리 들었지?"
물으니 못 들었단다.
아니 나는 분명히 들었는데 이게 웬일이지?
스님 왈 "천이통—하늘 귀—이 열렸었습니다" 하다.
며칠 후 아침에 집 거실에서 한 번 더 종다리가 지지배배
하늘 높이 올라가는 소리 듣다.
막냇동생은 그날로 완전 치유되다.
— 김 퇴마사의 마무리 설명.
그간의 일을 설명하고 우리 집안을 이렇게 쑥대밭을 만든 존재를
확인하고 싶다 하다.
부모님 사진을 한 장 가지고 오라 하다.
김 퇴마사는 내가 준비한 사진을 불전에 놓다. 정화수 올리고
목탁을 치며 기도하다. 나는 그 뒤에 앉아 함께 정성을 드리다.
김 퇴마사 기도 후 설명해 주다.
"몇백 년 전 전생에도 두 분 부모님께서는
부부였습니다. 어머님께서 시기 질투가 심했습니다.
어느 날 아버님께서 첩을 들어 앉혔지요. 화가
머리끝까지 난 어머님께서 아버님이 출타하신 사이에
새댁을 멍석말이로 죽였습니다.
어머님에 대해 맺힌 한을 풀려고 이번 생에 최씨댁
막내로 태어났습니다. 그간 내 동생들을 차례로 정신적 육체적으로

무능력자들로 만들었습니다.
마지막으로 막내 여동생에게 빙의되었지요. 우리 내외의 정성으로 제도되어 한을 풀었습니다. 좋은 일 하셨습니다."
"어머님이 막내로 동생은 없는데요."
"있습니다." 김 퇴마사는 확신에 찬 대답을 하다.
(퇴마사의 이야기를 듣고 큰이모에게 전화를 걸다.)
"이모! 막내 이모가 있어요?"
"있지."
"그럼 내가 왜 몰라요?"
"그년은 네가 낳기도 전에 죽었지. 뭐 좋은 일이라고
너희들에게 이야기하니?"
"아니..."
"시집을 가서 애를 뱄는데 못된 신랑 녀석이 애밴 배를 발길질해서 죽었단다."
〈한이 맺혀 온 영혼이 제 생인들 온전하랴!〉
〈그 후 나는 건드리지 못하고 동생들을 차례로 망가뜨리고 집안은 완전히 기울어지다.〉
〈원한을 풀어도 본인도 점점 구렁텅이에 빠져들 뿐 중음계 귀신이 되어 구천을 맴돈다.〉
〈다행히 나를 만나 영성계로 넘어가다.〉
*(좀 더 자세한 이야기는 3부의 〈한 가족사〉를 읽어보시기 바랍니다.)

* 먼저 간 친구

먼저 간 친구가 그 부인에게 영상으로 겹치다.
검은 작은 동물이 큰 동물 등에 업히다.
⟶ 부인이 죽은 친구에게 업힌 모습.

→ 스님께 천도재 권유.

→ 재 올린 후 친구의 유쾌한 웃음소리 들리다.

→ 친구네 경사 겹치다.

* 부친 오랜 1인실 입원

암으로 인한 통증이 올 때는 칼로 몸을 난도질하듯 힘들어 하시다. 통증 지나면 언제 그랬느냐 하는 듯 삶에 대한 애착 계속되다.

→ 여러 영가들이 부친 몸 하나에 들어 잔치하는 듯한 느낌 들다. 1인실에 너무 오래 혼자 계셔서인가 싶어서 4인실로 옮기다.

→ 얼마 후 새벽에 나 혼자 있을 때 편하게 돌아가시다.

* 텐텐(Ten~Ten~): 튼튼 주문

요추 4~5번 신경통(척추협착증)으로 고생하다. 의사들은 수술 권유하다. 4~5번 요추 길이 10cm에 10mm 지름에 기름이 늘 있도록 반복 기도.

→ 누군가가 손가락으로 끈적한 기름기를 요추 사이에 꾸욱 밀어 넣다.

→ 통증 없어지고 수술 않고 넘어가다. 30여 년 후인 지금까지 거의 통증이 없다.

← 하루 두어 번 허리통증 부위에 Gold Ball 장착하고 금빛 찬란하게 비추어 치유되도록 하고 있다.

* 집사람 눈 수술

황반으로 인해 한쪽 눈 시력 거의 안 나오다. 다른 쪽도 자칫 잘못되면 그리 될 수 있다고 한다. 기도하며 내가 아주 작은 존재가 되어 집사람 눈에 들어가 아주 작은 칼로 잘 떼어내다.

그 눈에서 검은 파리 떼 같은 것들이 무리지어 빠져 날아가다.
시야가 몹시 흔들린다 하여 병원에 가서 검사하다. 다행히 잘 분리되어 걱정 안 해도 된다 하다.

＊ 수면 내시경

검은 존재 꿈틀 내 어깨 위에서 몸 아래로 들어오다. 수면 내시경 후 기절하고 3일간 입원하다. 검은 존재 트럭 바퀴에 깔리고 내가 발로 밟아 짓이기다. 퇴원 완쾌하다.

→ 마취상태는 의식이 없는 상태로 호시탐탐 기회를 노리던 검은 영혼에게는 찬스다.

＊ 전립선 건

검사 결과 보러 가는 지하철에서 신발 바닥의 검은 창을 물로 깨끗이 세척하다.

→ 신발 밑 세척=전립선 청소

　→ 전립선암 초기로 판정되다. 수술로 치료하다.

＊ 나의 Master Chamber 기능으로 딸 유방 정화된다

딸 유방 섬유선종 치유하는데 '공중급유' 하다.

→ 공중급유=내가 서울에서 천진에 있는 딸에게 the Powerful Master Chamber로 치유하는 것이다.

유방 옆모습이 건강하고 크게 맑은 분홍색으로 예쁘게 파란 하늘 배경에 드러나다.

딸네 귀국해서 딸 유방검사 정상 판정받다.

영적 체험들

∗ 원주 Car Sale 사고

〈치는 주먹과 막는 손바닥〉

고려가방에서 원주 방면으로 카세일을 갔다가 서울로 올라오다.

내리막 언덕을 학생들을 가득 태우고 내려오던 버스가 중심을 잡지 못하고 중앙차선을 넘어 우리 차 옆구리를 훑고 내려가다. 우리 차 백미러와 차옆이 1/3 정도 파괴되다. 나나 운전자는 털끝 하나 다치지 않다.

버스가 우리 차를 덮치려 하는 순간이었다. 〈내 코앞으로 내지르는 주먹과 이를 막는 손바닥〉이 순간 보이다. 경찰이 와서 상황 판단 후 우리 잘못은 없는 것으로 판정돼 보험처리도 남은 문제도 다 잘 해결되다.

⟶ 치는 주먹=나를 해코지하려는 세력 〈검은 기운〉

⟶ 막는 손바닥=나를 보호하려는 세력 〈보호령〉

⟶ 덕분에 살아 있다. 남은 생 소명의식을 가져라.
무언가 이유 있어 살려주었다.

∗ 한빛이(나의 손녀가 될 수 있었던 아가의 태명)

내가 낚시 의자에 앉아 마주 보고 있다. 서너 살짜리 여자 아이와 눈 맞추고 이야기를 나누다.

태어날 수도 있었던 우리 손녀다.

두어 살 정도의 여자아이가 옷을 예쁘게 입고 웃는 모습으로 내 앞에서 한 바퀴 돌다.

⟶ 아들 내외가 기다려도 아이를 갖지 않다.
한빛이를 바르게 보내기 위해 축원 기도하다.
한빛이에게 "좋은 인연 찾아가라." 기도하다.

내가 안고 있던 어린애를 어느 부인에게 안겨주다.
옆에 계신 두 분 스님께 합장하고 "나무석가모니불"을
6번 염송하다.
산에서 재를 지내고 내려오시는 기골이 큰 스님과
시봉하는 스님 두 분이 나에게로 오다.
큰 스님께서 악수를 청하면서 "이번에 수고 많으셨습니다" 하고
웃으며 좋아하다.
내가 주도적으로 일을 잘 해 주어 고맙다 하다.
한 번 더 악수를 청하고 가시다.
어린애(한빛이)가 어느 부인의 뺨에 이별 뽀뽀를 하다.

* 얼굴도 못 본 장인어른의 불만 호소

〈2015년 추석 다음 날 새벽〉

장인어른과 몇이서 우중충한 방의 긴 나무식탁에 앉아 간단한 식사를 하다. 장인께서 뭔가 매우 섭섭해 하시다. 2층 당신 방으로 올라가 버리신다. 조금 있다가 장인께서 내려와 간이 침대에 기대시다. 노여움을 푸시라며 집에서 쓰는 초록색 플라스틱 컵에 물 한 잔을 드리다.

⟶ 본 적이 없는 결혼 후 처음 내게 보이신 장인의 모습이다.

⟶ 어제 구룡사 추석차례 지낸 것으로 연이 닿은 듯하다.

⟶ 장인어른의 영성길을 위한 3-7일 기도 발원해 드리다.

⟶ 〈기도응답〉

맑은 날 테니스장에서 테니스를 즐기시며 내가 먹을 과일을 테이블 위에 푸짐하게 마련해 주시다.
테니스장 옆 건물에 한문으로 '미소(微笑)' 라고 크게 쓴 플래카드 걸리다.

⟶ 장인의 '미소(微笑)' 로 마무리되다.

* 모친 모습 스쳐 지나가다

점심 후 잠깐 조는 듯 마는 듯하다. 돌아가신 모친께서
오른쪽 벽에서 나와 왼쪽 벽으로 사라지시다.

→ 제사 전에 자주 다녀가시다. "집사람이 제사 모시지 않을까 걱정 마시고 그만 왔다 갔다 하세요" 하다.

→ 구룡사에 백년위패 모시다.
공부 인연 따라 공부하시고 보살도를 이루시라 하다.

* 처이모님 부탁하시다

처이모님께서 전화하시다. "자네도 자식을 키워서 이해할 수 있지? 이게 나를 위해서가 아니라는 걸" 내가 "충분히 이해한다"고 하다. "준비한 128만원을 대신 전달해 달라" 하시다.

→ 며칠 안 남은 이모님 제사에 맞춰 전해 온 메시지다.
집사람과 이모님 제사 참석해서 이 내용을 자손들에게 전하다.
앞으로는 나에게 하지 마시고 자손들에게 직접 전하시라고 하다.

→ 그 후 이모님께서 미국에 있는 처제의 꿈에 나타나시다.
"내가 많이 허기가 진다" 하시어 "성당에서 가져온 누룽지라도 끓여드릴까?" 했단다. "좋다" 하시어 누룽지를 끓여드렸다 한다.

→ 자손들에게 직접 이야기하시라 했는데 왜 미국의 처제에게로 가셨을까?

* 할머니가 허리춤에서 긴 과자봉지를 빼서 나에게 주다

→ 6.25 때 돌아가신 지 70년 가까이 되신 할머니께서 나에게 과자봉지를 주시다! 이 손주가 경제적으로 힘들어 하는 게 안쓰러워서 아직도 나를 챙기고 싶어 하신다?

나는 잊은 지 이미 오래 전인데.

⟶ "고맙습니다. 더 이상 걱정하지 마시고 공부 인연 맺으셔서 다음 생을 위한 준비를 하십시오."

⟶ 새삼스럽게 몇십 년 동안 기억에서 잊혀졌던 할머니다. 과자 선물이 신통하다는 생각이 들다.

⟶ 몇십 년이 지나도 손주에게 사탕 한 개 더 주고픈 집착에서 아직도 벗어나지 못하고 있다는 메시지다.

* 박 무당

우리 집 산기도로 인연이 되다. 박 무당에게 "이왕이면 관세음보살을 모시고 이번 생에 부처님 법도 인연 지으시라" 하다.

관세음보살 모시다.

⟶ 그날부터 손님 끊기다. 일주일 버티다 원상복귀하다. 영성계도 자기 밥그릇은 엄중하다.

* 딸이 작곡과 입학시험 보는 날 몰려오는 검은 기운 퇴치하다

시험장 근처 주차한 내 차 안에서 시험을 보고 있는 딸을 위해 기도하다.

X자(부정)를 45도 각도를 돌려 +자(긍정)로 바꾸다.

⟶ 시험지를 15분 전에 다시 쓰고도 합격하다.
〈불가능한 일이었단다〉

* 지하철에서 앞에 앉은 젊은 여인의 모습이

⟶ 중년 부인의 모습으로

⟶ 노파의 모습으로

⟶ 해골 모습으로 바뀌어 사그러지다.

⟶ 우리 몸의 덧없음을 분명하게 보여주다.

＊ 화엄성중 정진 중 변화

– 화장실에 거꾸로 매달린 남자.

⟶ 노숙자 차림으로 떠나

⟶ 풍채 좋은 남자가 한복을 입고 마이크 잡고 방송하다.

＊ 오랜 업장까지 정화하다

1700년 묵었다는 고양이의 목을 나무로 눌러 죽이다.

⟶ 1700년 묵은 업장도 소멸시켰다.

웬만한 장애는 다 풀렸을 것으로 봐도 되겠다.

＊ 나의 뼈 모습을 보다

척추 팔 다리 뼈가 눈으로 보듯 그려지다.

영성 관련 메시지들

＊ (19/4/1) 〈통합일상기도정진〉 시작한 날!

〈만일기도 제4차 천일 제1차 백일기도 마감과 정법강의 3년 마감이 2019년 4월 1일로 일치한다. 이 또한 묘한 인연 아닌가!〉

모래가 섞인 언덕을 미끄러지며 오르니 넓은 초원에 햇빛이 찬란하다. 비바람 몰아치며 날씨가 궂더니 다시 맑아지다.

소녀들이 화려한 옷들을 입고 음악에 맞춰 춤들을 춘다.

⟶ 어려운 시절 걷어내고 즐거운 시간이 온다.

* 영적 소명 작업을 시작 진행하다 〈명석몽〉

평소에는 이쪽 마을과 저쪽 마을 사이에 철로가 있어서 건너가기가 어려웠다. 오늘은 보니 건넛마을이 빤히 보인다. 이쪽은 아직도 좀 후진데 건넛마을 쪽은 새로 잘 단장해 놨다. 별 어려움 없이 건너가다. 사람들이 좋은 옷으로 갈아입고 축제 분위기다. 날씨가 쾌청하고 산이 파랗다. 이제 산을 올라야지 하다 가끔 다니던 산길을 들어서다. 왜 갈 때마다 좀 서툴지 생각하며 출발하다. 남들은 저렇게들 변화하는데 나는 변함이 없다. 같은 길을 가는 게 좀 이상하고 지루하다는 생각을 하다.

⟶ 여러 생에 걸쳐 영격 Up-Grade하다.

* 금빛 Door로 닫아 차단하라

친척들 영가들 축원 후 금빛 문을 닫다.

⟶ 서로 넘나들지 못하게 경계를 분명히 하다.

⟵ 앞으로 영적인 분리를 원할 때는
〈금빛 Door로 닫아 차단하라.〉

* 하늘의 식사로 영가들을 한 판 대접하다 〈명석몽〉

영가들이 빙 둘러서서 나에게 밥을 내라 하다. 몇명이냐 묻다. 100명이란다. 그럼 200그릇을 놓으라 하다. 그릇을 쭉 놓다. 하늘에서 색깔 있는 멋진 식사가 내려와 그릇을 채우다.

* 25년 전이면 1996년인데... 〈명석몽〉

"25년 전" 하면서 '시곗바늘이 뒤로 도는 게 뜨다.'

⟶ 고려가방 정리하고 충전하고 새출발하였던 시점이다.
나이 55세로 돌려놓았다. 이번에는 시간 경제 열정 꿈 낭비하지 말자. 〈Soul Free System〉, the Master Chamber, the Super ball

에 전념하자. 영적 소명 마무리하라는 강력한 메시지다.

＊ 노년의 도전

남들은 내려오는데 나는 올라가다. 팍팍팍 벽을 찢고 물을 건너다. 찬란한 신천지를 만나다.

⟶ 내 또래 친구들은 다들 내려가다.
나는 꿈을 이루려 올라가 성취하다.

＊ 환골탈태

내 몸의 뼈를 벗어놓다. 40대 남자 나오다.

⟶ 2004년 "36세다" 하는 소리 들리다.
나이 25세에 마음공부 시작하다.

＊ 나의 인생은 아직 오전 시간대에서 움직인다

10시 25분과 3시 중에서 10시 25분으로 예약하라 하다.

⟶ 95세가 내 수명이다.
영적 소명을 마무리할 때까지.

＊ 보석같이 빛나는 눈

우주 저편에서 보석같이 빛나는 눈을 반짝이는 여인이 보이다. 바이올린을 켜며 눈을 마주치다.

⟶ 이번 생의 시 그림 등 예능적인 능력의 원천인 듯.

＊ 후천시대를 맞아 천부경으로 가라 〈명석몽〉

내 입에서 검은 머리카락 한없이 빠져 나가다. 검은 108 염주와 모서리가 모자라는 시루 선물로 받다.

⟶ 검은 머리카락=업장소멸

⟶ 검은 108 염주=불법의 한계

⟶ 모서리가 모자라는 시루=조상 한계

✻ 선후천시대 〈명석몽〉

굵은 촛대 두 개 중 앞의 것은 꺾여 있다. 뒤의 촛불은 점점 더 커진다.

⟶ 선천시대는 가고,
후천시대가 점점 크게 자리잡는다.

✻ 나에게 미치는 두 가지 힘

내가 생명을 구해 준 거북이와 그 등 위에 있는 개구리. 둘이서 나를 쳐다보고 있다. 이들을 뱀이 쳐다보고 있다.

⟶ 거북 개구리=주먹을 막는 오른손.
뱀=나를 치려 호시탐탐 노리는 주먹.

✻ 최 도인 왈

"현 선생님도 재물은 많이 있네요" 하다.

⟵ 금구슬 푸대 열다. 한 개를 꺼내 진짜인가 깨물어 보다.
진짜 금이다.

⟶ 고려가방 납품대 받아 2천만 원 어음 막다.

⟶ 재물은 준비되었다. 돈 걱정 말고 할 일하라.
또 한 번의 강력한 메시지였네.

✻ 나의 법력이 영성계의 존재들을 내 뜻대로 제압할 만하다

내가 손주를 안고 구질구질한 곳 여러 곳을 다니다.

한 곳에서는 귀신들이 오글오글하다 내 주위에 몰려들다. 귀찮아서 그

들을 손가락으로 제압하다. 꼼짝하지 못하다.

* 이제는 후천시대다, 땅 기운은 쇠하고 하늘 기운으로 일할 때이다
 지붕 기운이 땅으로 내려오다.

* 모친 별세!
 승용차의 염주 끊어지다.

* 검은 세력으로부터 나의 기도발원을 보호하다
 검은 고양이 7마리 정도가 오다. 컨테이너 박스를 중심으로 빙 둘러 경계를 서다.

* 신앙이 왜곡된 사람에게서 나는 냄새
 사과 썩는 냄새

* 영단의 VIP다
 영단 VIP석의 3번째 자리가 비어 있다. 다른 자리에 앉으려다 그 자리에 앉다.
 해군장교 정복을 입은 나의 젊은 옆 모습이다. 왼쪽 견장에 별 하나 계급장이 빛난다.
 → 영성계에서 나의 격이 해군장성에 빛난다
 나의 격은 원로 장로들과 같다.

* 영성계로 넘어가는 일도 즐겁고 기쁜 일이다
 꽃상여도 지나가고...

＊ 최고 수준의 Apt로 이사하다 〈선몽〉

새벽 아파트 베란다의 꽃들이 만발하다.
음표들이 즐거이 공중으로 날아오르다.

＊ 덕암스님 암으로 돌아가시다 〈선몽〉

대성사 무너지다.

＊ 전립선암 수술 〈선몽〉

관공서 같은 데서 가슴 X레이를 찍는데 기계가 아주 높이 있다. 찍기가 아주 힘들게 되어 있다. 손잡이를 잡고 간신히 올라가서 찍으려 하다. 무슨 시설이 이렇게 힘들게 되어 있지? 하고 생각하다.

⟶ 후에 받은 전립선암 로봇 수술실 모양 그대로다.

＊ 자발적인 창발이 일어날 때까지 기도정진하자

빗자루가 스스로 좁은 길바닥을 쓱쓱 쓸어 바닥의 쓰레기를 모아 나가다.

＊ 현실계의 발원을 영성계와 연결시키다

양쪽 코드에서 전선의 잭을 끌고 나와 서로 대다.

＊ the White Chamber on～～

2～30 마리의 회색 나비들이 내 주위를 즐겁게 날다.

⟶ 백중 7일기도 마무리로 조상 영혼들과 교감하다.

＊ 기존 질서 무너지고 새로운 운이 펼쳐진다

108염주 끊어지며 염주알 몇 개가 튀다.

* 현실 크게 발복한다

금색 호랑나비 보이다.

* 새해 움직이다

집의 맑은 어항에 없던 물고기가 생겨 움직이다.

⟶ 새로운 생명력으로 새해 움직이다.

* 꿈을 하늘에 분명하게 올리다

로켓을 푸른 창공으로 경쾌하게 쏘아 올리다.

* 하늘을 맘대로 움직이다?

하늘을 거엉두웅~ 위아래로 올렸다 내렸다...

* 보살도를 행하라

'부처님께서 자비를 베푸시다. 남다른 영적 체험~ 천이통 천안통 영적 교감 직관 등을 하게 하시다. 이번 생의 뜻을 이루도록 체험을 통해 많은 자비를 베푸셨다' 하다.

* 영성계의 응원!

어느 사찰 대웅전에서 스님께서 나의 기도발원을 위해 부처님께 합장하고 서 있다.

* 집사람 새벽에 침대에서 내려오다 넘어져 척추 다치다

집사람이 버스에서 내리다 엎어졌다 다시 일어나다.

⟶ 척추 금가고 두어 달 심하게 고생하다.

통증이 계속돼 고생하다.

＊ 코로나 건강하게 넘어간다

덩치가 크고 잘 생긴 흰 반소매를 입은 보사부 장관이 다가오다.

＊ 결국은 어려운 시절 가고 즐거운 시간이 온다

모래가 섞인 언덕을 미끄러지며 오르다. 넓은 초원에 햇빛이 찬란하다. 비바람 몰아치며 날씨가 궂더니 다시 맑아지다. 소녀들이 화려한 옷들을 입고 음악에 맞춰 춤들을 춘다.

＊ 좀 천천히 가라는 메시지?

아침에 컵 모서리를 깨뜨리다.

⟶ 유리창에 부딪히다.

오른쪽 눈 위가 약간 멍들고 부어오르다.

＊ 우리나라 국운이 배 이상 좋아지고 축원하다

표준보다 길이가 두 배 정도 되는 대형 태극기가 있다.

＊ 금구슬 가득한 포대!

금구슬 가득한 포대에서 한 개 꺼내 깨물어 보다.

"어~ 금이 맞네!" 하다.

⟶ 그 이튿날 납품대 2천만 원 입금돼 어음건 해결하다.

⟶ 〈금구슬 포대 열리고 경제 ok~〉로 연결되다.

〈Soul Free System〉 관련 메시지

— 〈Soul Free System〉은 영혼을 맑고 밝고 투명하게 순수하게 만드는 물리적 작업이다.

— 영성을 밝히고 영혼을 자유롭게 하는
〈Soul Free System〉 〈the Master Chamber〉 〈the Super ball〉을 완성 널리 전하는 소명의식을 갖다.

— 〈Soul Free System〉은 마음을 맑고 밝고 투명하게 하는
속 빛깔을 찾아내는 작업이다.

* 경제 신경 쓰지 말고 〈Soul Free System〉에 전념 마무리하라 〈명석몽〉
(인도 대학 분위기)
독지가가 위 학년 3명과 나와 동료 학생 1명 등과 함께 학교를 둘러보다. 강의실에서 1등한 고학년 여학생에게는 120만원짜리 수표를 2, 3등한 남학생 두 명에게는 백만원짜리 수표를 한 장씩 주다. 내가 저희들에게는 책값 안 주십니까? 하니 50만원짜리 수표를 2장 주다.
한 장은 내가 갖고 한 장은 옆의 동료 학생에게 건네다. 수표 뒤를 보니 뒤에 이서한 사람들의 이름이 깨알같이 많다. 이걸 액자에 넣어 밑에 내 사인을 하고 교실에 걸까 생각하다.
⟶ 인도=영성
⟶ 대학분위기=〈Soul Free System〉 연구소
⟶ 1등 여학생 120=불교(여성적: 소극적)
⟶ 2, 3등 남학생 100=기독교 마호메트교(남성적: 적극적)

→ 나와 동급생 50씩=도반과 함께 50+50=100 완성한다.

→ 선배들=영적 지도자들: 싯다르타 예수 마호메트

→ 동급생=현재 어디선가 〈Soul Free System〉에 관심을 갖고 연구 마무리할 사람. 영혼을 찍을 수 있는 기술을 개발하고 있는 사람일 듯.

→ 기금 장학금을 주는 자 드러나지 않다=하늘이 주는 것.

→ 기금 장학금=연구비용! 돈 걱정 말고 마무리에 전념하라.

→ 수표에 이서한 이름이 깨알같이 많다.
=역사가 오랜 영성 관련 기금이다.
〈Soul Free System〉은 가치 있는 연구다.

* 내가 누군가와 사무실에서 보고서를 만든다 (명석몽)

제일 적은 분량이 UR 암호문, 그보다 조금 더 분량이 많은 보고서가 A의 중간 보고서, 마지막 양이 제일 많은 보고서는 한글 최종판이다.

→ 영성계에서 받아들이고 움직이기 시작했다.

누군가; 함께 연구하는 〈Soul Free System〉 연구소 연구원들.
영성계에서 돕는 존재들.

사무실; 〈Soul Free System〉 연구소

UR암호문: 1차 보고서
1st, 2nd, 3rd System에 대한 보고서

A의 중간 보고서: 2차 보고서
좀 더 자세히 System을 풀고 합리적인 해법 제시

최종 한글판 보고서: 최종 보고서
과학적으로 설명하는 System 해설 보고서

* the Super Ball 완성하라. 그 힘 막강하다!

〈Soul Free System〉이 월드컵 공이 되어 푸른 창공에 뜨다.
내가 찬 공을 덩치가 큰 외국 선수가 못 막고 골인하다.
⟶ the Super Ball 발동.

* 〈the Super Ball〉로 시스템 마무리한다

"이미 슈퍼볼 발동 발복으로 확 트였어" 하다.

* 〈Soul Free System〉 발원! 하늘에 확실히 알리다

큰 천 비닐 가운데를 자르다. 끝부분은 놔두고 연결된
것을 반 접다. 긴 장대에 매달아 하늘 높이 세우다.

* 〈Soul Free System〉용 기기 들여오다

사무실에 의료기기들을 배달해 오다.

* 〈Soul Free System〉 영적 수준을 측정하는 기기를 만들다

동그란 기기를 갖다 대면 영적 상태를 나타내는 수치가 바늘이 돌면서
나타난다.

* the Powerful Master Chamber 널리 알려진다

많은 차들이 오가는 큰 대로의 장면에 the Powerful Master Chamber의
축원기를 걸다.

* 부처도 금을 입힌다

미생물이 한껏 생명력을 발휘할 때 황금빛을 발하는 인상적이었던 영상
이 떠오른다.

⟶ 금빛에는 생명을 살리는 원기인 영적인 힘이 있다.
빛을 가지고 양자 원자 분자를 연구하듯 빛을 가지고 영성 영혼을 연구한다.

＊〈Soul Free System〉 출판
내가 '조선인의 왕좌' 란 책을 출간하다.

＊천부경 〈육생〉 안에서 나의 원을 그려 나가는데~
한산대첩에 버금가는 대첩을 세웠다 하다.
⟶ 〈Soul Free System〉은 한산대첩에 버금가는 의미 있는 큰 사건이다.

＊〈Soul Free System〉은 영적 아픔을 치료하는 부적과 같다
부적을 모아 부적의 족보인 족부를 만들다. 쓰기 편하다.
⟶ 〈Soul Free System〉 연구보고서는 영성을 밝히고 영혼을 자유롭게 하는 책이다. 그 단위 하나하나는 영적 아픔을 치유 치료하는 부적과 같은 역할을 한다.

＊〈Soul Free System〉 준비 잘 하고 있다
금명함 준비하다.

＊사람의 영혼을 찍는 사진이 필요하다
년월일 요일을 써서 벽에 붙이다. 그 옆 의자에 사람을 앉히다. 사진을 찍는다. 사람의 내면 상태에 따라 사진이 달리 나오다.
⟶ 사람의 영혼을 찍는 사진이 〈Soul Free System〉 작업에 필요하다.

* 〈Soul Free System〉기가 펄럭이다

담뒤 푸른 하늘에 태극기와 단체기가 펄럭이고 있다.

* 〈Soul Free System〉 서서히 달궈지며 큰 성과 난다

1m는 뒴직한 네모난 큰 도자기로 만든 차그릇에 차원료가 가득하다. 서서히 뜨거워지기 시작하다.

→ 전체적으로 좋아지기 시작하다.

큰 도자기 차그릇=the Powerful Master Chamber

가득 찬 차원료=꿈나무 등 내용

서서히 달아오르기 시작하다=〈Soul Free System〉이 숙성

* 〈Soul Free System〉 성공한다

success~!

* 견성하는 단계의 〈붓다 시스템〉

견성을 돕는 〈붓다 시스템〉 하는데… 푸대 안에서 칼로 실밥을 트고 나오다.

* the Powerful Master Chamber가 신의 샷이다

누군가 '신의 샷' 이라 하다.

* 〈Soul Free System〉 연구는 앞으로 계속된다

많은 사람이 참석하는 큰 모임에 20년간 쓸 수 있는 자료를 준비한 걸 제출하라 한다.

* 〈Soul Free System〉 일단 책으로 출간하라

박물관에 설치하고 보라는 이야기다.

* 〈Soul Free System〉은 DNA 구조 발견에 버금갈 수 있다

새벽 기도 중 '왓슨' 하다.

* 〈Soul Free System〉 빨리 진행된다

목표라는 패널을 꽂고 달리는 기차에 타고 달리다.

* 하늘이 크게 움직이며 증명하시다

갑자기 하늘에 자동차 타이어 모양의 투명한 큰 물체가 나타나다. 전하며 전기적 장치작용으로 움직이기 시작하다. 나는 UFO가 뜬 걸로 생각하다. 옆의 누군가 전문가인 듯 설명을 하려 한다. 크기가 더 커지다. 하늘 전체가 번개를 치는 듯한 변화를 일으키다. 하늘이 크게 흔들리고 요동하다.

→ 〈Soul Free System〉은 전기적 물리적 장치가 흐르는 공간이다.

→ 나의 원이 점점 더 Powerful해진다는 걸 전해 주는 메시지.

* 〈Soul Free System〉의 가치는 초전도에 맞먹는다

두 가지 제품 중 하나는 내 거고 하나는 친구 거다. 값이 두 가지다. 두 아이들을 병원에 데리고 가다. 나는 초전도 하나는 〈Soul Free System〉으로 가격이 비슷하다.

→ 〈Soul Free Syste〉의 가치가 초전도에 맞먹는다는 메시지.

두 아이=하나는 〈Soul Free System〉 하나는 〈Buddha System〉.

* 〈Soul Free System〉과 사고실험

인간의 하드웨어인 몸은 겉과 속을 다 들여다볼 수 있다. 약과 칼로 다

루기가 어렵지 않다. 인간의 소프트웨어인 정신 마음 영혼은 볼 수도 만져볼 수도 없다. 좀처럼 다루기가 쉽지 않다. 〈Soul Free System〉은 소프트웨어인 마음 영적인 부분을 다루는 것이다. 사고실험으로 진행해 보는 수밖에 없다. 이 점 또한 어려운 부분이라 하겠다.

* 〈Soul Free System〉과 관련 기법들

〈Soul Free System〉은 〈영성을 밝히고 영혼을 자유롭게 하는 기초이론〉이다. the Powerful Master Chamber는 〈원을 이루어 내는 장〉이다. the Super Ball은 〈원을 빠르게 마무리하는 장〉이다. '자기최면 기도법'과 '운을 열고 원을 발하다' 로 보완한다.

* 돈 신경 쓰지 말고 〈Soul Free System〉에 집중해라

내가 어느 생산시설(달걀?)을 관리하다. 1년에 두 번 책을 낼 수 있는데 1000만 부까지 가능하다. UN 기금에서 지원한다.

→ 화란에서 UN기금으로 위생공학을 공부했다.
  공공기금=하늘이 내려주는 돈으로 마무리할 것이다.

→ 졸업 60주년 기념 〈마음 한 조각을 찾다〉 두 번째 시화집도 친구들 후원으로 발간하다.

太空(현정) 관련 메시지

(태공은 살아 있는 무한한 허공이란 뜻이다.)

* 만일기도 입재: 2008년 1월 1일
  만일기도 회향: 2038년 4월 1일

* 太空은 기도발원 원만성취 및 업장소멸을 위한
  System-Maker System-Master다.

* 영성을 밝히고 영혼을 자유롭게 하는
  〈Soul Free System〉 〈the Master Chamber〉 〈the Super ball〉을 완성
  널리 전하는 소명의식을 갖다.

* 법명法名을 〈太空〉으로 정하다.
  중국 여행 후 귀국 비행기 상에서 미간에 하늘 가득히 〈太虛〉라 뜨다.
  ⟶ 참나의 순수한 메시지
  ⟶ 太虛=道家의 수행 마무리 단계
  전생에 중국에서 도를 깨칠 때의 수준을 암시

* 삼생의 내 모습:
  여인(인도) → 만트라(티베트) → 도인(중국)
  인도에서 옛날 귀티 나는 동화에 나오는 여인의 모습〈3생 전〉.
  티베트에서 만다라도 그리고 정치적인 활동을 한 남자〈전전생〉.
  산둥반도에서 한반도를 보고 서 있는 기골이 장대하고 장죽을 짚고 서 있는 긴 수염의 도인. 그 뒤에는 큰 바위가 있고 바위 사이에 석유 등불

이 켜 있다〈전생〉.

⟶ 뿌리 나라인 해동 대한민국을 향해 동으로 계속 이동하다.

⟶ 이번 생에는 〈Soul Free System〉을 완성 널리 전하라.

＊ 나를 지켜주시는 신장들!

사천왕과 비슷하게 눈을 부라리고 험상궂게 생긴 거인 8명이 일렬로 버티고 서 있다.

＊ 교황이 되다

로마의 교황 선거에 내가 출마해 당선돼 교황이 되다. 선거 전날엔 초조해 하다. 당일엔 선거 치르다. 삼일째는 모든 걱정 시름 마음조림 없이 평온함을 맛보다.

＊ 유대교 교주가 되다

"내가 유대교 교주가 돼 가지고..."라고 하다.

＊ 〈Soul Free System〉은 노벨상을 받을 만한 일이다

노벨상을 상장과 함께 메달을 받다. 그것도 쌍메달을!

쌍메달=〈Soul Free System〉과 〈Buddha System〉

＊ 태공

주위에 영성의 맑고 따스한 기운을 전하는 사람!

＊ 도를 완성하다

자전거로 산 능선을 달리다. 아래로 굴러 떨어지다. 자전거는 부서지다. 온몸이 망가지다. 다들 내가 죽었다고 생각하다. 나는 정신이 또렷하다.

죽을 것이라는 느낌이 들지 않다. 사고와 관련된 돌로 염주알을 만들다. 가지고 있던 107개 염주와 함께 108염주를 만들다. 목에 걸다.

* 금빛 영성의 힘을 실어 기원하다

내가 큰 가람의 대웅전 앞에서 공중부양하듯이 공중에 떠 있다. 가부좌를 틀다. 상중하 단전에 은빛 금빛 붉은색을 품다. 멀리 아래를 내려다보다.

* 견성성불

반가부좌하다. 〈손가락 화두〉 참선 5시간 계속하다. 손가락부터 스르륵 온몸이 사라지다. 흰 실낱 한 가닥마저 탁 없어지다. 맑고 밝은 투명한 경계에 들다.

→ 깨달음 첫 체험. 견성. 초선에 들다.

→ 수불 스님인가, 법륜 스님 증명하다.

* 돈오 경계의 물리적 체험

우주선에서 밖으로 던져지다. 살이 분해돼서 흩어지다. 뼈마저 흩어지고 사라지다. 아무 흔적도 남지 않다.

* 공부 제대로 하고 있다

노란 점들이 두 줄로 양쪽으로 쭉 뻗어 나가다. 한 점으로 만나다. 내가 오른쪽 줄을 따라 가다.

* 입정하여 법안 열리다

선정수인 위에 망원경.

* 원(道)을 다 이루다

끝없는 층계로 이어지는 여러 가지 형태의 사다리를 끝까지 다 잘 오르다.

* 나만 영적 소명과 연결된다

"현 정 합격하다."

* 경제를 툭~ 터뜨려 주시네!

나의 경제를 막고 있는 둑을 탁~ 터뜨리다. 끈을 탁~ 끊어 버리다.

* 모든 일 잘 풀린다

칼라풀한 원형판이 오른편으로 돌다

* 미간에 달걀 정도 투명한 것이 빛나는 듯하다

⟶ 드디어 제3의 눈이 열리는가? 이미 열렸다.

* 안티의 근본 화근을 없애다?

3~40대 장년의 업둥이가 따라오다. 어퍼컷 주먹으로 날려
나가 떨어뜨리다. 또 마주쳐 두 번째 넉다운, 세 번째 다시 다운시키다.
땅에 사기로 된 작은 봉우리 모양으로 박히다.
박힌 걸 도끼로 때려 2~30cm 깊이로 깨다. 뚜껑을 덮어 버리다.

* 반복되는 꿈의 해법은 결국 '佛' 에서 끝난다

헤매다가 결국 '불국사행' 버스를 타다.

⟶ 〈Soul Free system〉에 전념하라.

＊ 태공의 눈에 비치는 개개 에고들의 모습

저 위 하늘에서 내려다보다. 둥글고 네모진 집집마다의 옥상에서 움직이는 사람들 보이다. 아주 조그마한 개미같이 작게 보이다.

＊ 기가 보이다

- 지하철에서 앞에 앉은 사람의 머리칼 한 올 한 올에서 뻗어 나오는 흰색 기운들.
- 먼 산 경계에서 들고 나는 흰 기운들.
- 나뭇잎 주변과 가지 끝으로 뻗어 들어가는 기운들.
- 작은 나무의 잎새들이 음악에 맞춰 토르륵 토르륵 번갈아가며 움직이다.
- 손을 나뭇가지 사이에 넣으니 기가 강하게 느껴지다.

＊ 백색은 영성계 삿된 기운을 맑히는 색이다

백색 장풍을 영가에게 보내며 제도하려 하다.

＊ 환골탈태

내가 불에 타서 골격만 남아 있다. 내가 내려다보고 있다.

하나도 무섭거나 언짢은 생각이 들지 않다.

＊ 내가 위에서 이성적으로 내려다본다

하늘 높이 삼각형 모양의 초록색 비행체에 내가 타다.

아래를 내려다보다.

삼각형＝이성적으로

＊ 용광로에서 한 번 더 녹여 순수하게 정화

용광로 위에서 편하게 가부좌하고 있는 내 모습 뜨다.

* 지혜의 눈을 뜬 자가 지혜를 가르치다

사회자의 소개를 받고 앞에 나가 강의를 하다. 눈을 다친 사람의 눈을 다른 사람의 눈으로 바꾸는 수술을 강의하다.

눈=지혜의 눈

* 새로운 도전을 시작하라

25년 전 1996년으로 시계를 되돌리면...

→ 고려가방을 마무리하고 식구들 보살피는 일에서 벗어나 새로운 도전을 시작하던 때다. 다행히 다시 그때로 시간을 되돌리는 큰 자비 사랑을 얻다. 다시 영민하게 깨어서 명철하게 판단하고 바르게 행하자. 〈Soul Free System〉 등 영적 소명 마무리에 집중하라. 2004년 나의 진리 나이가 36세라 하였다.

* 모든 에고의 요소들 소멸되고 참나만 남다

내가 확연히 깨어서 알아차림 그 자체가 되다. 흰 봉투를 열어 잡고 있다. 생각 감정 오감이 그 흰 봉투 속으로 빨려 들어가 사라지다.

* 시화집은 진리를 전한다

'마음 한 조각을 찾다' 시화집을 받는 사람들의 가슴에 황금빛 빛이 빛나다.

* 천부경도 맑고 밝고 투명한 참나에서 나왔다

천부경이 맑고 밝고 투명하게 뜨다.

천부경 커튼 후루루 내려오다. 그 뒤 맑고 밝고 투명한 공활한 순수

에너지장 〈참〉 드러나다.

＊ 나의 내공의 힘 법력의 힘 수승하다

무당들이 몰려 있는 동네에서 여러 무당들이 나를 시험하려 하다. 번갈아 빗자루 같은 것을 흔들어대다. 내가 끄떡없자 놀라서 야단들이다.

＊ 우주에서 진리를 가장 많이 감추어 놓은 곳이 물이라 한다

물 속에 진리의 말씀을 쓰고 담고 읽는다.

＊ 백두산 천지 기운에 접속 Code-In 하다

내가 산속 깊은 곳 호랑이 서식하는 곳을 발견했다고 좋아하다. 그들은 사람을 못 보고 나만 보았다고 하다.

→ 내 태몽 호랑이와 관련 있다.

＊ 나에게는 더 수승한 영성이 갖춰져 있다

성공의 상징인 두 사람이 앉은 자리에서 일어나다. 나를 반기며 테이블 상좌의 자리를 나에게 주다. 내 뒤에서 많은 사람들의 박수 소리 들리다.

＊ 내 멋대로 하지 못하게 한쪽으로 몰고 간다는 것

'나는 하늘이 기르는 사람' 이란 뜻.

＊ 보름간 8개 사찰순례

갓바위 조개사 능인선원 정토법당 현지사 봉은사 대성사
법화사

→ 선천시대에서 후천으로 넘어가는 시기에 나도 모르게
성지 순례하였네.

* 현실계와 영성계가 자유롭다

반지하같이 땅 위로 노출된 뚜껑 덮인 통로가 지그재그로 연결돼 있다.
내가 가는 곳마다 열려 지나간다.

→ 지상은 인간계 지하는 영성계로 내가 두 차원계 마음대로 다닌다.

→ the Powerful Master Camber, the Super Ball 등 두 차원계를 통섭 잘 운영하고 있다.

* 무언가 나의 일을 방해한 걸 사과하고 용서를 비는 듯

40~50대 남자가 비참한 얼굴로 무릎을 꿇다.
"앞으로는 그러지 말고 공부하라." 축원해 보내다.

* 하늘의 존재라 하다

친구가 노는 자리에서 친구들에게 내가 '하늘의 존재'라 해서 모두들 놀래다.

* 세상은 넓고 할 일은 많다 하지만...

내 할 일은 정해졌고 더 이상 궁금할 것도 없다.

* 나의 수명

진리 나이 70(일반 나이 95) → 90(105) 연장?

* 천부경과 연결시키려는 아이디어가 올라온 것

일을 하늘에 고하고 그 힘을 내려받기 위함이라!

* 내가 가고자 하는 방향 옳다

99.999%%

* 태공 청정법신에 대한 공경

덩치가 큰 사내가 내 앞에서 머리를 조아리며 몸을 숙이다.

* 참나의 무한기능을 일찍 갖췄다

통기타를 만들만한 통나무가 예 있으니 집에 갖다 쓰라

* 새벽기도 중

내가 높은 하늘 허공에서 마음껏 날며 즐겁게 움직이다.

* 나의 바람

행복하기보다는 항상 깨어 있는 것이다.

* 나는 참나이고 에고다

내가 두 개의 귀한 것을 가지고 있는다. 하나는 우주 본체이고 또 하나는 본체를 공전시키는 장치다.

우주 본체=참나

에고=본체 공전시키는 장치

* 뜻을 이룬다

〈승리호〉를 타고 건너가다 하다.

* 한 친구가

"현정이를 스승으로 모시고 도를 닦겠다" 고 해서 좀 당황한 적이 있다.

* 시가 인연을 위한 단초가 될 것

시로 마음 한 조각을 찾다.

* 내 시에 대한 품평을 받고 싶어 하는 마음

사장님께서는 루소에게 글을 검열받으십시오. 그러면 모든 작가들을 뛰어넘으실 겁니다.

* 인사동 시화전

세상에 번쩍 빛을 던진 사건이었다.
또 한 번의 시화집 출간도 큰 반향을 불러 일으킨 사건이다.

* 95년 인도여행 후

"더 이상 궁금할 것이 없다."

* 인공 달을 맞추다

내가 쏜 화살이 아주 멀리 떨어진 인공 달을 맞추다. 하늘의 달을 향해 새가 되어 날아 오르다.

* 밝은 아침이 된다

'촛불이 꺼지면 빛이란다.' 갑자기 촛불들이 꺼지다. 깜깜해졌는데 다시 환해지다. 촛불이 다시 켜졌나 보니 아예 새벽이다.

* 전립선암 양쪽 탈장 수술 다 잘 마무리되다

왼손바닥의 게뚜껑을 들어내다.
피부 아래서 다시 검은 색의 뚜껑 나오다.
이에 딸려 나오는 40~50cm 정도 검은 것을 땅바닥에 놓고 짓이기다.

* 역할 교대

휘적휘적 노인이시여! 진리에 도달한 것으로 당신의 역할은 훌륭하게 마무리했습니다. 이제 이 진리의 힘을 활용해서 많은 사람들과 정신적 물질적 사회적 풍요로움을 함께 나누는 소명을 마무리하겠습니다.

*** 현실 속에서의 〈청정법신〉**

중단전을 중심으로 내 몸 주위로 맑고 투명한 기운이 번지다. 금빛 기운 번지다. 몸 주위를 백색 기운이 번지다.

*** 남북통일 의외로 쉽게 된다?!**

우리나라 동서남북 대운하를 파다. 양쪽을 조금씩 작업하다.
그간 파놓은 부분과 쉽게 연결되다.

*** 유연성을 가져라**

누군가에게 설명하다. 나는 일을 진행하는 데 두 가지 방법을 쓴다고. 하나는 정해진 스케줄대로 또박또박 하는 게 있다. 또 하나는 빨리 또는 천천히 그때그때 형편에 맞춰 가는 게 있다.

*** 멋진 기획을 한 번 해 보고 싶다. 나라를 관통하고 인류를 관통하는...**

⟶ 〈Soul Free System〉이 정답이다.

⟶ the System-Maker, the System-Master가 되자.

⟶ 이웃 사회 국가 인류를 위한 인연으로 자연스럽게 넓히다.

天 地 人

3부

한 가족사

한 영혼의 한풀이와
한 가족의 흥망

그리고 진화

영성의 진화(시)

<한 가족사>

한 영혼의 한풀이와 한 가족의 흥망 그리고 진화

* 다복한 가족

- 부부는 금실이 좋은 편이었고 세 아들에 막내딸을 두고 있었다.
- 첫째 아들과 둘째 아들은 연년생이었고 셋째와 막내는 서너 살씩 터울이 있었다.
- 부친은 사업을 해서 먹고 사는 데 넉넉할 정도로 돈을 벌었다. 모친은 남편만을 바라보며 식구들을 챙기며 살았다.
- 남들과 마찬가지로 6.25사변 등을 겪으며 피란살이도 하였다. 고생은 했지만 밥을 굶거나 식구가 죽는 일은 없었다.
  무난하게 고비를 넘기고 서울에 안착할 수 있었다.
- 첫째 아들이 최고 명문이었던 K중학을, 둘째 아들이 사립의 명문인 B중학을, 셋째 아들이 공립의 명문인 S중학을 들어가다. 막내딸이 사립의 명문인 J중학에 입학하다. 자녀들이 다 공부를 잘해서 자랑거리였다.
- 셋째 아들이 S중학에 입학한 날 부친은 못 마시는 술을 한 잔 마시다. 선비풍의 얌전한 양반이 대문을 박차고 들어오다. "우리 아들들 최고다" 하는 기염을 토했다.
- 이때가 이 집안 최고의 전성기였다고 보인다.
- 그 후 부친이 하던 사업장에 불이 나다. 신용으로 사업을 꾸려 나가며 빚에 치이다. 사업이 감당하기 어려울 정도로 아주 힘들어지다.

* 둘째 아들의 일탈

- 둘째 아들이 고등학교에 입학하고 학교에 가지 않기 시작하다. 이 집

안에 먹구름이 끼기 시작하였다.

- '아인슈타인이 상대성원리를 발견했다면 나도 할 수 있다.' '에디슨이 전기를 발명했다면 나도 할 수 있다'는 등 고집을 부리다 학교를 가지 않다. 제 방에 틀어박혀 있기 시작하였다.
- 부모는 먹고 살기 힘든 시절에 험한 꼴 한 번 보인 일 없이 키운 아들의 행동을 이해할 수 없었다.
- 첫째 아들이 같은 또래로 어느 정도 이해를 하다. 둘째와 부모 사이에서 다리 역할을 한동안 하다. 시간이 가면서 둘째의 일탈은 점점 심해져 가다. 폭력만 없지 심성이 점점 황폐해져 갔다.
- 결국 이삼 년에 한 번꼴로 정신병원을 들락거리게 되다. 평생을 생산성 제로인 삶을 살다 가다.
- 다행히 두 딸과 아들 자녀들이 잘 크다. 말년에 아버지를 모셔 제 명을 다하고 가다.

* 셋째 아들의 일탈

- 좋은 중학에 들어가고 대학까지 잘 나오다. 또래들과 어울리더니 술에 쩔기 시작하였다.
- 부친 사업 돕는다고 나가서는 사업상 먹는다며 매일 술을 마시다 술병이 생기고 복수가 차다. 입원해서 복수를 빼내면 다시 술 먹기를 반복하다.
- 중학교에 다니는 아들이 어느 날 학교에서 돌아와 의자에 앉아 죽은 부친을 보다. 장례 치러 어느 절 뒷산에 뿌리다.

* 막내딸의 황당

- 어려서부터 3남1녀의 막내로 태어나 귀염은 혼자 다 차지하며 자라다.
- 몸은 좀 약한 편이었지만 중고등학교 잘 다니다. 대학도 무난히 마치

다. 서서히 눈과 귀가 어두워지기 시작하다.

- 당시 유명했던 안과 등 미8군 군의관에게까지 검사를 받아 보다. 원인은 밝힐 수 없었다. 미군 의사의 권유로 더 나빠지기 전에 점자를 배우다.
- 그 후 다니던 교회에서 엉뚱한 남자를 만나 임신을 하다. 어정쩡하게 결혼도 하다. 남자의 폭력을 못 이겨 위자료를 주고 이혼하다.
- 빙의로 고생을 하다 맏이가 주선한 스님의 도움으로 벗어나다. 남은 여생을 아들과 함께 보내다.

* 첫째 아들의 헌신

- 첫째는 어려서부터 공부를 잘했다. 늘 1등으로 우등상을 탔고 반장을 하였다.
- 동생들을 잘 보살피다. 집안일도 말없이 챙기다. 부모는 맏이를 잘 두었다고 늘 자랑스러워 하였다.
- 평생 '나까지 무너지면 식구들이 길에 나앉을지 모른다.' '나 아니면 안 된다' 는 심리적 강박에 시달리다.
- 이 집안에서 끝까지 본분을 잃지 않고 집안을 일으키며 부모형제를 지켜 낸 맏이의 역할이 크다.
- 어려서는 몸이 약한 편이었으나 중학교에 다니면서 건강해지다. 동생들 챙기면서도 공부를 좋아하다. 총명하고 바른 학생이었다.
- 중고등학교 때는 등산 등으로 친구들과 유쾌한 시간도 즐기다. 대학 때는 유아원에서 어린애들과 지내는 등 활발하게 움직이다.
- 둘째가 학교를 안 가면서 집안 분위기가 나빠지다. 그 전까지는 매우 명랑한 편이었다. 주위에서 칭찬을 독차지하며 자라다.
- 동생들이 삐뚤어지면서 부모와 동생들 사이를 중재하다. 성격이 무거워지고 진지한 모습 일변도로 바뀐 듯하다.

• 미국 유학을 꿈꾸다. 군대 다녀오는 등 유학시험도 통과하다. 유학준비를 거의 마쳤으나 부친 사업장의 화재로 유학의 꿈을 접다.
• 군생활도 돈을 달라는 걸 주지 않아 공병대에서 삽 들고 땅을 파는 등의 고생을 사서 하였다. 후반에는 카투사로 미군과 생활을 하며 사령관 표창 특진 등 빛을 발하다.
• 대학 졸업 후 공무원 생활을 하다. WHO기금으로 네덜란드의 Delft공대에서 위생공학 분야의 MBA를 마치다. 일본 등을 오가며 대통령 표창을 받는 등 잘 나가는 공무원이었다.
• 부친은 사업을 오래 하였으나 화재 등으로 인한 빚이 점점 늘다. 식구들이 길가에 나앉는 것을 볼 수는 없다고 생각하다. 앞길이 유망했던 공무원 생활을 포기하고 사표를 내다.
• 새벽부터 저녁 늦게까지 일요일도 없이 20여 년 노력하다. 도저히 갚을 수 없다고 생각했던 빚을 갚아 나가게 되다.
• 차츰 여유가 생기다. 부모 형제 본인 집들도 한 칸씩 마련하다. 돈통 옆에서 돈이나 지키는 생활이 점점 싫어지다.
• 국가 경제도 경공업에서 중공업으로 변화가 생기다. 10년 앞이 비관적으로 보이다. 중국으로의 공장 이전도 쉽지 않아 보였다.
• D-Day를 정해 사업을 정리하다. 심리상담실을 열어 청소년 위주로 상담을 하다.
• 제도권 안에서 다루어지는 심리상담에 한계를 느끼다. 동생들같이 영적인 상처를 입은 아이들을 위한 〈Soul Free System〉을 개발하겠다 마음먹다. 개인의 능력이 아닌 과학적이고 합리적인 방법으로 영적 치유를 할 수 있는 시스템을 개발하고자 결심을 하다.
• 이번 생의 태어난 이유가 부모 형제들을 돌보는 것으로 처음엔 생각하였으나, 영적 상처를 받고 헤어나지 못하거나 자살충동이나 우울증 등으로 고통받는 아이들을 치유 치료하는 것으로 생각이 바뀌다. 스님

무당 등 개인의 능력이 아닌 시스템적으로 치유 치료하는 방법을 찾아내는 게 이번 생의 소명이라 생각하다. 그 방법으로 〈Soul Free System〉을 완성 널리 전하기로 결심하다.

* 장례식 날 동생 입원

• 7년을 암으로 고생하던 부친께서 돌아가시다. 장례를 지내고 선산으로 모시던 그 날 정신병으로 그 병원에 막내 입원하다. 그 여동생을 보며 첫째 아들은 정말로 화가 나다.
"눈에 보이지는 않지만 어떤 놈이 우리 집안을 이렇게 망가뜨려 놓는지 '내 반드시 알아내고 용서하지 않겠다.'

* 첫째 아들의 분노와 결심

• 잘 나가던 공무원 생활을 그만둔 첫째 아들은 그동안 화 한 번 내지 않고 지내다.
그러나 정신병으로 병원에 막내 동생이 입원한 날
"눈에 보이지 않지만 어떤 놈이 우리 집안을 이렇게 망가뜨려 놓는지 내 반드시 알아내고 용서하지 않겠다" 고 결심하다.

* 빙의를 풀다

• 입원한 막내 여동생은 단순한 심리상담으로 치유될 수 있는 게 아님을 알 수 있었다. 동생의 안에 또 하나의 다른 존재가 동생을 좌지우지 함을 느낄 수 있었다.
• 동생이 나가는 교회의 목사님께 부탁을 드려 보았으나 별 효과가 없었다. 스님께 부탁 전화를 드리다. 전화를 받는 즉시 스님 왈, "동생분의 안에 뭐 하나 들어앉았네요" 해서 놀라다.
• 멀리 있는 절에 집사람과 3일을 오가며 기도 정진하다. 동생은 빙의에

서 풀리고 그 후 재발하지 않고 잘 지내다.

- 3일 기도 중 첫날은 '고양이 우는 소리' 듣다. 둘째 날은 '여치 우는 소리' 듣다. 마지막 날에는 '종다리가 하늘 높이 날아오르며 지지배배 노래하는 소리' 듣다. 동생의 몸에 빙의하였던 영혼의 영성이 순화되며 영성계로 가는 과정을 귀로 듣고 확인할 수 있었다.
- 함께 기도 참석했던 집사람은 못 듣고 본인만 들은 것을 신기해 하다. 스님 왈 "거사님께서 하늘 소리를 듣는 신통력이 열렸던 것입니다" 하다.

* 퇴마사의 풀이

- 동생이 빙의에서 풀려 정상으로 돌아온 후
  '우리 집안을 이렇게 망가뜨린 존재는 어떤 놈인지 밝혀 내겠다'는 결심에는 변함이 없었다.
- 이 문제를 풀기 위해 눈 밝은 퇴마사를 수소문 끝에 만나다. 퇴마사의 기도처에서 부모님 사진을 불전에 놓고 그의 기도 정진에 동참하다.
- 한 시간 남짓 기도 후 그가 이야기하다.
  "한 4백여 년 전에도 부모님께선 부부였다.
  양반 집에서는 곧잘 첩을 들이곤 했다. 이 집 남편도 어느 날 소실을 들였다. 안방마님의 성정이 강하고 질투가 극에 달하다. 남편이 출타한 후 마님은 머슴들을 시켜 멍석말이를 하다.
  첩은 그 일로 죽었다. 그 원한을 풀려고 이번 생에 어머님의 여동생으로 태어났다. 그 후 한을 품고 우리 집안을 기웃거리다. 어머니는 여전히 성정이 강해 직접 건드리질 못했다. 장남 또한 쉽게 넘어갈 사람이 아니었다. 허약한 동생들을 차례로 망가뜨렸다. 다행히 장남이 하늘길을 열어줘 제 길 잘 갔다. 여하튼 좋은 일 하셨습니다" 하다.
  그간의 사연을 설명해 주다.

• "어머니는 동생이 없는데요" 하다.
퇴마사는 "아니 있습니다" 하며 한 마디로 잘라 말했다.
"아 그렇습니까?" 하고 끝내다.

• 나와서 멀리 계신 큰이모에게 전화를 걸어 물어보다.
"이모~ 나한테 막내 이모가 있어요?"
"있지."
"그런데 내가 왜 몰라요?"
"그년은 일찍 죽었으니 모르지."
"그런데 왜 아무도 이야기해 주지 않았어요?"
"시집가서 못된 신랑 녀석이 애밴 배를 걷어차서 애와 함께 죽었지. 무슨 좋은 일이라고 이야기하겠니?"

* 아~ 그렇구나

몸은 죽어 없어지나 그 안에 있던 영혼은 살아 있다. 생전의 한을 그대로 안고 가는구나. 호시탐탐 풀 기회를 엿보다가 적당한 인연을 만나면 맺힌 한을 풀려고 하는구나.

* 죽어도 영혼에 그대로 실려 가네

선악을 떠나 업(業)은 장식－아뢰야식－에 잠겨 있다가 현생에 연(緣)－기회－을 만나면 푼다는 것을 알 수 있었다.
우리는 마음공부를 해야 한다. 순하게 이생을 마무리하고 떠나야 한다고 믿게 되다. 〈Soul Free System〉을 완성해서 널리 전해서, 상처받은 영혼 특히 청소년들을 영적으로 풀어주려는 결심을 하다.

* 무자비無慈悲의 자비慈悲를 깨닫다

첫째 아들은

형제들이 10원 한 장 벌지 못하면서도 이번 생을 굶지
않고 자식들까지 키우게 도왔다.
동생들은
영적인 침해로 고생하는 모습을 첫째 아들에게 보여
영성계를 탐구하고 깨닫게 했다.
결과적으로
첫째 아들은 부모 형제가 생활을 할 수 있게 하고
부모 형제는 첫째 아들에게 마음공부를 하도록 한 것이다.
무자비의 자비
이 연결고리를 깨닫게 되다.
무자비無慈悲가 자비慈悲가 되고
고苦가 도道가 되는 원리가 여기에 있다 하겠다.

영성의 진화

삼일간
정성을 드렸습니다

첫날
고양이가 살광스레 울었습니다

둘쨋날
여치가 부드러이 풀 소리를 냈습니다

셋쨋날
종달새가 지지배배 하늘 높이 날아 올랐습니다

정성의 모음이 이와 같습니다

며칠 후
다시 지지배배... 감사의 마음 전해 왔습니다

하나의 망으로 얽힌
인연 고리 아름답고 엄정합니다

〈첨부〉

* 기도의 원형

* 표준 기도발원(문)

* 운運을 열고 원願을 발하다

* 자기최면 기도법

* 꿈나무 한 그루를 키우다

* 천부경(天符經)

기도의 원형

가장

기초적이고 합리적인

힘을 받는

기도의 원형

〈7일+3일; 기도〉

7일간 기도발원

후

3일간 숙성(Incubation) 시킨다

〈영성계의 응답〉

표준 기도발원(문)

〈아제아제〉
佛
〈백두산 천지 기운과 접속 Code-In하다〉
〈천부경〉

〈바라아제〉
육생칠팔구운

〈바라승아제〉
맑고 밝고 투명한 참나 안에서

(대상)

the Powerful Master Chamber on～～

명징하게 정화되다 삿된 기운 fade-out
금빛 찬란하게 금빛 찬란하게 금빛 찬란하게 빛나다

〈발원내용〉

축원합니다
〈모지사바하〉

용서하세요 미안합니다 고맙습니다 사랑합니다
(3회)

〈옴 아모카 바이로차나 마하무드라 마니 파드마 즈바라 프라바릍 타야훔〉
(3회)

〈아제아제〉
〈바라아제〉
〈바라승아제〉

==〉 텅~ 몸 생각 fade-out!

==〉 맑고 밝고 투명한 참나
공활한 순수에너지 장
생명을 기르는 텃밭

==〉 the Powerful Master Chamber on~~:
Incubation Chamber on~~
White Chamber on~~
Gold Chamber on~~

==〉 4자성어:
용서하세요 미안합니다 고맙습니다 사랑합니다
(3회)

==〉 발원합니다

〈발원 내용〉

축원합니다
〈모지사바하〉

〈멸진정삼매에 내리다〉
〈시스템으로 가다〉

자기최면 기도법

수면 전 기도

자면서

비몽사몽 간에
끊임없이 기도발원 내용을 계속하는 기도방법.

반 수면상태에서
스스로 자기에게 최면을 거는 기도방법.

꾸준히 계속하면

〈잠재의식에 각인되어〉
차츰 기도발원 내용이 자연스럽게 느껴지고
명확하게 그려지고 떠오르며

완성되어가는 메시지가 전해진다.

꿈나무 한 그루를 건강하고 튼실하게 키우다

● 기도발원 축원은
부처나 하느님 신들에게 매달리고 비는 것이 아니다.
나의 원을 분명하게 하늘(참나)에 알리고 맡기며
영성계의 인연 존재들도 함께 도우며 함께 이루자는 것이다.

〈꿈나무가 쑥쑥 큽니다〉

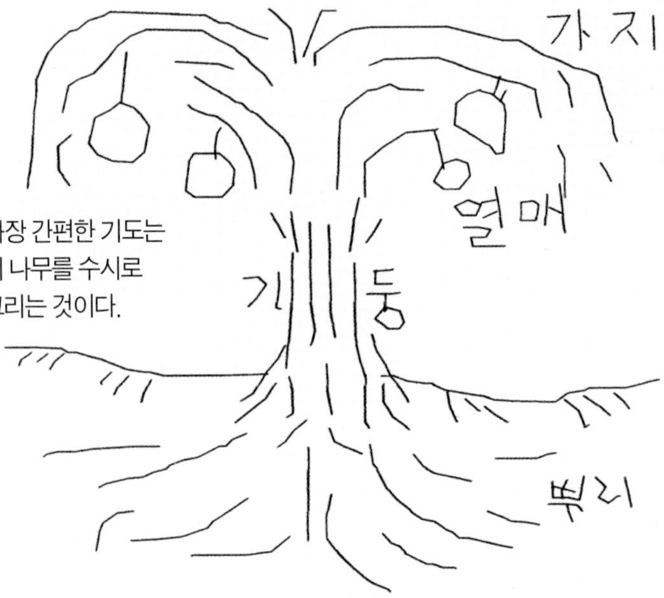

* 가장 간편한 기도는 이 나무를 수시로 그리는 것이다.

- 뿌리: 〈건강 ok!〉
- 기둥: 〈경제 ok!〉
- 가지: 〈생활 ok!〉
- 열매: 〈꿈 ok!〉

천부경天符經

일시무시일석삼극무 一始無始一析三極無

진본천일일지일이인 盡本天一一地一二人

일삼일적십거무궤화 一三一積十鉅無匱化

삼천이삼지이삼인이 三天二三地二三人二

삼대삼합육생칠팔구 三大三合六生七八九

운삼사혹한오칠일묘 運三四成環五七一妙

연만왕만래용변부동 衍萬往萬來用變不動

본본양심태양이명인 本本心本太陽昻明人

중천지일일종무종일 中天地一一終無終一

일시무시일석삼극무

진본천일일지일이인

일삼일적십거무궤화

삼천이삼지이삼인이

삼대삼합육생칠팔구

운삼사혹한오칠일묘

연만왕만래용변부동

본본양심태양이명인

중천지일일종무종일

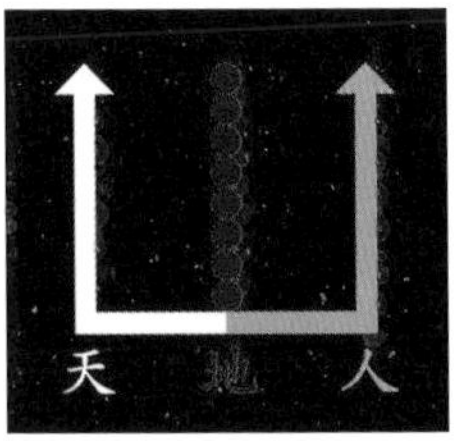
天
地
人

〈부록〉

(영어로 번역하는 게 쉽지 않아 생략하였다.)

〈1부〉

깨침의 언어들

내 안의 용광로에서 한 번 더 정제돼 올라온...

〈내용〉

〈Soul Free System〉 태공(나 참나) 도(깨달음)

꿈 빛 마음(생각) 호흡 돈 진화 생활

모든 것은 3단계로 진행한다

- 〈자연계 3단계〉
  천－지－인 : 몸－맘－얼 : 천기－지기－인기 : 태양－지구－달 :
  양자－중성자－원외전자 : 양성－중성－음성 : 대기권－수권－암석권.
- 참회~ 발원~ 축원~합니다.
- 늘 바르게 선택하고
  　바르게 행하고
  　바르게 마무리하다.
- Incubation Chamber~ White Chamber~ Gold Chamber~
- 제행무상; 모든 입자 소멸 (육체 out!)
  제법무아; 모든 파동 소멸 (생각 out!)
  열반적정; 절대 空으로 진입 (참나 the Zero Point)
- 상단전; 흰색 지혜 진리
  중단전; 금색 자비 실천
  하단전; 붉은색 힘 열정
- 戒 定 慧
- 참선은 수행방법
  명상은 참선상태
  삼매는 명상에 내재된 힘의 작용
- 초년 운; 중년 운; 노년 운;
- 행복은 3가지
  첫째; 즐거운 일로 자기가 좋아하는 취미생활 같은 것이다.
  둘째; 좋은 일 즉 이타행 착한 일을 할 때 느낀다.
  셋째; 의미 있는 일 즉 바른 일 세상에 온 사명감 소명의식을 느끼고 이를 위해 움직이고 완성할 때 참된 행복을 느낀다.

- 無常이란 귀신에 휘둘리지 않으면 道人.
- 돈(Power)과 Sex(사랑) 호기심(꿈) 그리고 문화
  이 4가지는 인간을 진화시키는 원동력으로 관리의 대상이지 극복의 대상이 아니다.
- 어디를 가든 그 가는 길 방향 목적지에 우선 축원을 하고 움직이라. 영성계가 움직여 길을 닦아 놓도록~ 먼 길 중요한 일은 적어도 3일 전부터 축원하라.
- 생명의 존재는 본래 투명한 빛이다. 이 투명한 빛이 개성을 띄며
  고유의 빛으로 한정되어진다. 탁해진다. 이 탁함을 다시 투명함으로 돌리는 것이 원죄를 벗고 본원-본지환원-으로 돌아가는 것이다.
- 'Let it be!' 'Let it go!' 억지로 풀려 말고 깊이 받아들이고 편하게 지나가라. 질량이 차면 저절로 풀린다. 참나에 내맡기라.
- 영성계의 존재들은 단순하다고 한다. 그들도 이해할 수 있게
  꿈 그림 일들을 단순하게 하라. 그리고 협조를 구하라.
- 꿈은 본래 허공에 그리는 거다. 어느 날 희미하게 떠오르고
  빛과 공기 물 그리고 기도발원과 시간을 먹고 자라면서 뚜렷해진다.
- 결정적인 사건(일)은 삼합이 맞아야 한다.
  하늘과 땅과 사람 즉 시간 장소 그리고 사람이다.
- 일이 100% 알맞게 진행되기는 쉽지 않다.
  70% 이상 긍정적이면 족하다.
- 상대방이 베풀 때 거절하지 말고 흔쾌히 받으며 "고맙다" 며
  감사의 마음을 전하라. 상대방도 즐거움을 느끼며 (+)시너지가
  일어난다. 그래야 감사할 일이 계속된다.
- 축원=축복 속에 원을 발하다.
  → 운을 열고 원을 발하다.

- 법비－진리의 말씀-란 근본자리의 울림이 수행자의 입을 통하여 걸러지지 않고 쏟아지는 말씀이다.
- 움직임에는 힘이 필요하다. 가장 일반적이고 현실적인 힘은 '돈' 이다.
- 전해지는 메시지는 영성계의 지도령이나 보호령이 보내는 것일 수도 있고 내 스스로 영사능력이 높아져 읽어낸 것일 수도 있다. 도의 바탕에서의 울림일 수도 있다.
- 방해하거나 괴롭히거나 거북하게 하는 영혼은 야단치며 달래며 가르치며 인연 따라 공부에 들게 하며 축원한다.
- 양자역학적으로 보면 참나의 알아차림으로 그리는 그림이 꿈이 현실로 되는 것이다. 또렷하게 치열하게 그릴수록 더욱 분명하고 빠르게 현실로 드러날 것이다.
- 태풍 속의 고요함이 가끔 느껴진다.
- 인간관계; 빛으로 공략하라.
  ← the Powerful Master Chamber로!
- '一體唯心造' 의 心은 의식이다. 이 의식을 과학적으로 설명한 것이 물리학의 양자역학일 것이다. 아원자의 미시세계는 가능성의 에너지 파동으로만 존재하다가 관찰자가 의식을 할 때 그 순간 입자의 물리적 공간으로 현현한다. 즉 의식하기 전이나 관찰자가 없으면 가시적인 물리적 공간은 드러나지 않는다. 이 心이 있으면 현실계 에고가 드러나고 이 心이 없으면 참나의 경계가 된다.
- 일체유심조: 여기서 마음 心이 있으면 유위법, 없으면 무위법이니 결국 마음 心이 있으나 없으나 '일체유심조' !
- 응무소주이생기심: 머무름 없이 마음을 내라는 것이 아니라 생각생각들이 본래부터 머무는 곳 없이 일어나는 것이다.
- 과거에서나 미래에서 정말로 꼭 갖다 써야 할 것 같으면 '지금－여기' 에 갖다 쓰라.

- 고향—참나—을 잊고 너무 멀리 떠나온 자—에고—가 어찌 외롭고 무섭고 괴롭지 않으랴. 이를 깨닫지 못하면서 지낸다.
- 우뇌는 '진아 참나' 적이고 좌뇌는 '가아 에고' 적이다.
  우리 선택의 대부분은 우뇌가 직관적으로 판단해 버린 후
  좌뇌가 이를 합리화하는 과정으로 보면 맞다.
- 〈엄마가 아빠가 가족이 인간이〉 신神이다.
- 에고가 참나—진리—에 접속하면 몸은 액정상태(liquid crystal)가 되고 마음은 plasma 상태가 되어 〈양자결맺음〉이 좋아질 것이다. 그리하여 초전도율이 높아지고 정보의 순간이동과 전달이 더 빨라진다. 즉 온 우주와 소통이 일어나며 우주와 하나가 된다.
- 세상은 넓고 할 일은 많으나 내 할 일은 정해졌고 이제 더 이상 궁금할 것도 없다.
- 양자는 입자이며 동시에 파동이다. 이 인간 또한 몸이며 정신(靈)이다. 양자의 파동이 보이지는 않으나 입자로 드러나듯이 인간의 정신 또한 보이지 않으나 몸 환경으로 드러난다. 그래서 나의 모든 것은 100% 내 책임이다.
- 진리의 힘은 최소한 100일 동안 조련 정진 정성을 들여야 이를 불러 쓸 수 있다.
- 칭찬을 하되 사실에 근거해서 하고 작전을 걸 듯 하지 마라.
- 우리들 다툼의 대부분은 '밥상 앞에서 방귀를 뀌다니 잘 했냐?
  그럴 수 있냐? 용서할 수 없다. 무례하다. 불쾌하다' 는 정도를
  벗어나는 게 별로 없어 보인다.
- 나는 환경을 그대로 삼켜 녹이고 제련해서 다시 토해내는 〈용광로〉다.
- 내가 내 멋대로 하지 못하게 나를 한쪽으로 몰고 간다는 것은
  〈하늘이 나를 기른다는 뜻이다.〉
- 누군들 아니랴마는 '하늘이 나를 길러 왔다' 는 믿음이 있다.

- 정월초하루 삼월삼짓날 칠월칠석에 회향하는 기도를 매년 하라.
- 끊임없이 기도 정진 정화시켜라. 아니면 게으름 부리고 있는 사이 삿된 기운이 치고 들어오거나 스멀스멀 기어들어 온다. 그것이 그들의 역할로 늘 우리를 깨어 있게 하려는 깨어 있으라는 무자비한 자비의 역할이고 경각심을 주는 것이다.
- 인연 영가들이시여! 더 이상 우왕좌왕들 하지 마시고 인연 따라 흐르더라도 자등명 법등명 질량을 높이고 영격을 up-grade 하는 길을 찾아 공부들 하시라.
- 영성계의 인연 존재들이여! 내가 공부하거나 기도 정진할 때 〈Soul Free System〉, the Master Chamber, the Super Ball을 가동할 때 함께 하시라. 함께 공부하고 함께 이루면 서로 공덕이 되고 질량이 좋아지고 영격이 Up-grade 될 수 있다. 맞지 않는다 싶으면 인연 따라 떠나시라.
- 내 주변의 기운은 늘~ 변화한다. 이 기운의 변화를 예민하게 감지하고 바른 기도 발원으로 꿈을 이뤄나갈 일이다.
- 떠나면 그만이라고 흩어진 뒷모습을 보이면 그 모습이 어디 가겠나? 그대로 남아 내 모습의 일부로 좇아다니지. 나를 기억하는 사람들의 뇌리에 남고 우주의 기억 장치에 입력된다.
- '내공' 이 생기다.→ '촉' 이 서다.→ '감' 이 잡히다.
- 남자들은 먼 옛날 수렵시절 먹잇감을 놓고 긴장 집중하던 습이 남아 있고 여자들에게는 집에서 아이들을 키우며 채집하던 습관이 남아 있어 남자들은 하루 종일 말 몇 마디면 족하고 여자들은 일상적인 일들을 말로 표현하기 마련이다.
- 집에서 키우는 화초도 큰 분에 분갈이해 주면 크게 자란다.
  대지 위에서 마음껏 클 수 있는 식물들은 얼마나 잘 크겠는가?
  → 우리도 각자 마음 씀씀이의 크기로 그 사람의 크기가 정해지지 않

겠는가?

⟵ KOI의 법칙!

- 나무 위에 쌓인 눈을 보면 어느 세월엔가 눈 쌓인 암자나 토굴 생활하던 때가 그리워지고, 촛불을 보면 촛불명상하는 내 뒷모습이 보인다.
- 10월 개천; 하늘 열리다. 하늘길 열리다. 인내천人乃天 사람이 하늘이네.
- 동그란 잎의 작은 분의 화초를 날카로운 화초의 큰 분으로 옮겨 심어야지 하고 며칠 전에 생각했는데 오늘 집사람이 작은 분을 깨뜨려서 자연스레 옮겨 심게 되다.

  ⟶ 맘먹은 대로 일어난다! 엄정하다.
- 영적으로 아무리 확실하고 틀림없다 해도 과학적으로 합리적으로 설명하고 증명할 수 있어야 한다.
- 해맑은 도인이 이 땅의 일들을 순하게 풀다.
- 화두를 머리로 생각으로 챙기지 마라. 실제로 몸으로 맘으로 체득 證하며 챙겨라.
- 지하철에서 젊은 여인이⟶ 할머니⟶ 해골⟶ 사라지다.
- 有爲法과 無爲法을 잘 연결시킨 것이 三法印이다. 즉 諸行이 無常하니 (有爲의 현상) ⟶ 諸法이 無我요 (有僞의 사라짐)

  ⟶ 涅盤寂定이로다. (無僞의 경계)
- 無常하니 無我인데 없는 '나'를 붙들고 늘어지면 〈一切皆苦〉요 어차피 없는 '나'를 탁~ 놓아버리면 〈悅盤寂定〉이라. 참나의 경계라.
- 無生法印: 有僞-에고-의 生滅法으론 나고 죽음이 있으나 無僞-참나-의 法으론 나고 죽음이 없다. 참나의 입장에선 나고 죽음이 없이 무시무종이다.
- 원력보살의 힘(의 원천은?)!

← 맑고 밝고 투명한 〈참나〉에서 〈나〉마저 떨어져 나간 〈참〉 안에서 기도발원이 활성화 되었을 때 발현될 것이다.

- '漸修' 는 有僞法의 입장이고 '頓悟' 는 無僞法의 입장이다.
  → 돈오 후 점수로 성불을 미무리하는 것이다.
  無僞法의 입장에서 '頓悟' 하고–참나를 깨닫고– 나서 有僞法의 입장에서 '漸修' 성불-에고마저 참나가 되는, 에고의 정체성이 완전히 참나가 되는-을 마무리한다.
  漸修 이 보림의 기간은 몇 생이 걸릴 수도 있다.
- 유위법의 시간: 시간은 내 앞으로 와서는 끊임없이 내 뒤로 계속 흐른다. 저 앞 시간 위에 내 그림을 놓고 나도 계속 앞을 보며 간다.
  → 무위법의 시간: 시간은 〈지금〉 뿐이다. 현존일 뿐이다. 〈영겁〉 위에 〈지금〉을 긋고 간다. 아니 영겁에 〈순간〉을 꽂고 있다.
- 주변에 비치는 내 모습이 어떨까? 신경 쓰지 말고 그냥 겸허하게 부드럽게 자유롭게 〈지금-여기〉 〈순간〉에 현존하자.
- 기무라 씨의 무농약 사과 과수원에서는 10년 만에 사과 꽃이 7송이 피고 열매 두 개가 맺었다 한다.
  → 내공이 쌓여 결실을 맺기까지는 정진 일변도의 긴 시간이 요구된다. 희망고문을 이겨낸 자만이 누릴 수 있는 특권이다.
- 나의 약점을 알고 싶으면 내가 언제 화내는가를 보면 된다.
  상대를 설득하지 못해서 화를 낸다. 영적 질량이 모자라서 화를 낸다. 영격이 up-grade 되면서 자연스럽게 해소된다.
- 자유롭다는 것은 모든 것을 벗어나 홀로 있는 것이 아니라
  모든 것을 품어도 걸림이 없다는 것이다. 참나가 에고를 품는 것이다.
  이 또한 영격이 up-grade 되면서 자연스럽게 해소된다.
- 20여 년 전 돈오체험
  → 얼마 전 하늘 눈 뜨다. 의식 우주로 확장되다

- 겸손(下心)은 아직 노력하는 마음이 있음이나 겸허(放下心)는 그 마저 놓아 텅~ 비어 있음이라.

  ⟶ 겸손은 에고—유위—의 일이나 겸허는 참나—무위—의 경계다.

- Attack과 Count-Attack; 사심이 없어야 마장장애 Count-Attack이 없다.

  ⟶ 사심이 없기는 어려운 일이니 참나에서 행하면 더 자명해진다.

- 꿈을 이루려면 참나가 천기 지기를 움직여 일하게 하라.

  ⟶ 에고의 기도 발원

  관찰자 시선으로 닻을 내리며 꿈을 마무리하다.

- 이 지구상에 80억의 인구가 있음은 80억 개의 우주가 있음이라.
- 기도 발원은 명분을 분명히 하고 하라. 영성계에 명분을 내세워 타협 설득하라. 잘 이루어질 수 있도록 겸허한 마음으로 하라.
- 에고의 기도 발원으로 참나에게 '의도된 마음' 을 꾸준히 전달하는 것은 꿈의 실현에 크게 도움 되는 일이다.

  ⟶ 참나에 내려놓고 내.맡.기.다

- 공기 물 태양이 무심하게 모든 생명을 키워 내듯이 꾸준한 기도 발원도 인연인연들에게 그냥 그대로 스며들어 밝게 빛나게 한다.

  ⟶ 참나에 내려놓고 내맡기는 것이 최선이다. 사고실험!

- 역사는 미래를 가불하는 자의 것이라 한다. 내가 다음 생을 끌어다 〈Soul Free System〉을 마무리하려는 것과 같이.
- 누구를 만나든 이전의 불쾌한 감정이 남아 있다면 screen-out 하고 만나라. 이미 그 시간은 지나갔으니.
- 우리 세대—70대—는 생존과 성공이 화두였지만 지금의 젊은 세대는 사랑과 재미가 화두인 듯하다. 그만큼 여유로워지고 순수해졌다고 이해해야 할 것이다.
- 영문靈門이 쉽게 열리는 자 영성공부가 남다를 수 있으나 삿된 기운에 노출도 쉬워 영적 침해를 받기도 쉽다. 바르게 공부할 일이다.

→ 참나의 경계를 늘 유지하도록 할 일이다.

- 한 나무로 비유하자면 건강은 그 뿌리요 경제는 기둥이며 생활은 가지이며 그리고 꿈은 그 열매라 하겠다.
- 관념적인 부분들을 많이 걷어내고 실생활을 중심으로 생활도를 행하자.
- 죽비소리 탁! 탁! 탁! 현실계 영성계 저 위 하늘까지 깨운다. 나와 식구들 주위 사람들 그리고 꿈나무를 깨운다. 내가 원하는 곳 그리고 이 우주를 맑고 밝고 투명하게 본래의 자리 기운으로 깨운다.
- 인간이 인위적으로 만들어가는 가장 경이로운 일 중 하나는 영성계와 협력해서 불가능해 보이는 일들을 이루어 가는 것이다. 그가 의도적으로 하든 안하든 의식적으로 하든 안하든 인식하고 하든 안하든.
- 남은 아상 모두 흩어 날려 버리고 자존심 태워 버리고 텅 빈~ 자리 太空이어라.
- 6006혈의 센서 중 일부가 마음과 하늘을 연결 소통을 한다.
- *촉*이 선다는 것은 6006혈의 센서가 얼마나 작동하느냐에 달렸다.
- 〈후성유전자〉로 가장 강력한 힘을 발하고 확실한 존재는 몸과 얼로 이루어진 〈마음〉이다.
- 뭐니뭐니 해도 산 생명(사람의 마음)을 움직이는 것이 가장 어려운 일이다.
- 우리나라는 세계적으로 보면 금체질(태양인) 국가다. 대표적인 목체질(태음인) 국가는 중국이고 토체질(소양인) 국가는 미국 그리고 수체질(소음인) 국가는 일본이다. 이제 모든 것이 갖춰진 지금은 금체질 국가인 대한민국이 깃발을 내세우고 리드해야 할 때이다.
- 기도 발원은 나의 마음에 솔직하고 강렬하게 각인하는 것으로 마무리하는 게 정답이다.
- 천부경의 *육생*에 꿈나무를 앉히다.

● 천부경의 *육생*에 이어 *칠*팔*구*운*으로 넓히다.

● 80년대 어느 일요일 점심 먹고 배깔고 아들 딸과 노는데
글 그림 인중에 뜨다.
⟶ 덕원갤러리 개인전 시화집 출판. 빛을 던지다.

● 우리나라 동서남북 대운하를 파는데 양쪽을 조금씩 작업하니
그간 파놓은 부분과 쉽게 연결되다.
⟶ 남북통일 의외로 쉽게 된다?!

● 우주를 관통하다.

● 특별한 상황이 아니면 대개의 start point는 가족과 돈이다.

● 빙의는 몸을 가진 존재와 갖지 못한 존재와의 영적 얽힘이고
한 몸뚱이를 놓고 영역 다툼을 하는 것이다.

● 세상을 얕본 죄~
⟶ 질량이 큰 존재로 와서 '잘난 척' 으로 낭비한 죄!
'오만의 덫' 에 걸리다.

● 저 근본 자리에서 '지금－여기' 에 드러난 현상들을 명쾌하게 들여다보면 그 변화의 근본 원리를 알 수 있을 것이다.

● 사람 '人' 에 방점을 찍다.

● 질량이 떨어지는 사람들의 특징은 자기보다 질량이 높은 사람을 그냥 보고 있지 못하고 자기 수준으로 끌어내리려 하는 것이다.

● 영혼 자체는 여성 남성 등 어떤 차별이 없으나 DNA 후성유전자 등으로 차별이 생긴다.

● 몸과 마음과 호흡은 주인공이 쓸 수 있도록 만들어진 장치인데 제대로 쓰질 못하고 자칫 끌려다닌다. 마음은 몸과 얼 사이에 만들어진 기전으로 얼을 제대로 진화시켜 자타일시성불도 하도록 한 가장 요긴하게 쓰이는 장치라 하겠다.

● 몸은 내 영혼이 물질적으로 마음은 내 영혼이 비물질적으로 그때그때

환경을 풀어나가기 위해 쓰는 장치들이다. 잘 활용해서 내 영혼의 질량이 높아지고 내공이 쌓이도록 할 일이다.

- 점심 한 끼는 기와 꿈으로 채우자.
- 선천에는 땅의 기운을 받아 내가 크고 식구들을 먹이고 살렸고
  후천에는 하늘의 기운으로 〈Soul Free System〉을 완성 널리 전한다.
- 에고가 정말 힘들 때 참나가 드러난다.
- 한빛이―태어날 예정이었던 손녀의 태몽-를 보낸 건 내 손녀에게 쏟을 애정을 불특정 다수의 어린 아이들을 위해 쏟아 승화시키라는 의미로 해석된다.
- 사람들은 대개 누릴만한 호사가 아닌데 누리는 호사가 한두 가지가 있고 누릴만한 호사인데 누리지 않거나 못하는 호사 또한 한두 가지가 있다. 왜일까? 자긍심을 유지시키고 겸손한 마음을 일깨우기 위함이리라.
- 뜻대로 된다. 믿고 마음을 쉬자.
  ---〉 내 영혼의 질량 내공을 소모하지 말자.
- 이 우주 자체가 만물을 그대로 기르는 하나의 거대한 Incubator인데 Incubation chamber를 따로 만들어 가두어 놓고 기를 이유가 없네! 그냥 놓고 기를 수 있는 기량이 아쉽다.
- 석존께선 왕자의 몸으로 이 세상에 오시어 상위 계급을 중심으로 법을 전하기 시작하고, 예수는 목수의 아들로 이 세상에 와 평범한 사람들 위주로 가르침을 펼치고, 정법은 거러지로 산에서 17년을 살다 나와 하층인들을 시작으로 천지간에 법을 전하다.
  나는 unbalance한 가정에 태어나 누구나 영적 상처에서 바르게 벗어날 수 있는 〈Soul Free System〉을 계발 널리 전하고자 한다.
- 우리나라 이 땅 위 어디에 있든 백두산에 연결되지 않은 곳이 어디 있겠는가?
  ⟶ 본주본산을 따로 두지 말고 그냥 〈백두산 천지기운에 Code-in하

자.〉

- 꿈의 대부분은 전날 있던 일에 대한 반응으로 Catalysis하는 것으로 보인다.
- 뿌리를 흔들거나 옮기는 건 매우 힘들고 위험한 일이다. 비록 옳다는 확신과 신념이 있더라도 영성계와 타협하면서 할 일이다.
- 영성계가 반발해도 나의 발원이 정당하면 명분을 세우고 설득 진행해서 마무리함이 옳다.

  나의 발원 내용이 그대로 하늘에 받아들여져 찍혀야... 적어도 70%는 받아들여져야... 발복 발현을 기대할 수 있다.
- '내 능력 밖의 사람' 이면 '내 능력 밖의 사람' 으로 무시하지 말고 '내 능력 밖의 사람' 으로 존중하라.
- 어려서 아버님 동생과 동네 산에 올라 참새를 향해 던진 돌에 참새가 맞고 파득거리는 것을 얼른 뛰어가 오른손으로 움켜쥐었을 때의 그 뿌듯함 성취감이 아침에 거실 유리창 밖의 새를 보는데 떠오르다. 손에 느껴졌던 새의 따뜻한 온기! 무언가 내가 스스로 잡았다는 성취감! 집에 와서 새를 날려 보내기는 했지만 살아 있는 짐승을 처음 잡고 느낀 성취감이었다. 아마도 남자에게 뿌리 깊이 잠재된 사냥의 본능이 아니었을까!
- 스포츠는 이기는 게임이지만 영성이 수승해지면 승부에 연연하지 않는다. 내가 어느 때인가부터 승부에서 초연해지고 승부를 가리는 경기에 흥미를 잃은 건 그때가 영격이 크게 상승했던 때였으리라.
- 성품... 그 사람의 성격과 품 사람 됨. 그릇.

  → 성품이 인격의 기본이다.
- 그쪽 방향에서 보면 그리 보이는 것이지 누가 옳고 그름의 문제가 아니다.
- 옳다 그르다 보다는 바른가? 하고 자주 물어보는 것이 바른 행이다.
- 착하다 선하다는 건 종교나 사회적인 가르침으로 쉽게 가늠할 수 있으

나 '바르다' 는 것은 가늠하기가 그리 쉽지 않다. 마음공부를 하고 영격이 높아져야 가능할 것 같다.

- 이 세상... 이 우주... 보이는... 보이지 않는... 세상은... 가장 이상적인~ 어느 존재가~ 아닌 스스로의 힘에 의해 자동적으로 움직인다.
- 우리가 뇌의 3~4% 정도만을 쓰고 나머지 96%는 못 쓰는 것과 우주 질량의 4% 정도만 알 수 있고 나머지 96%는 암흑이라는 것과 연관이 없을까?
- 양자가 불연속적으로 언제 어디서 튀어 오를지 모르듯 우리의 생각생각 일들도 그러하다. 양자적이고 불연속적이다. 허나 긴 시간 묶음으로 보면 트랜드 성향 패턴을 읽을 수 있을 것이다. 생각생각들은 수시로 마음의 주인공 노릇을 할 수 있는 찬스를 잡으려 시도 때도 없이 치고 올라오는 것이리라.
- 생활고 → 생활도

  → 주어지는 환경을 그대로 받아 흡수하며 현실계와 영성계와 소통해서 생활도를 깨우치다.
- 누구를 만나든 상대방의 말을 깊이 듣고 또 듣고 좀 기다렸다가 이야기가 하고 싶을 때 나의 의견을 주장이 아니라 의견으로 소탈하게 오버하지 말고 천천히 흥분하지 말고 힘 있게 이야기하자.
- 내가 〈Soul Free System〉 완성을 위해 만나야 할 사람들은 스님 목사 무당 퇴마사 신부 등이 아니라 양자역학 빛 진동 관련 과학자들이어야 할 것 같다. 기계적으로 섬세한 물리적인 공간을 만들어 내야 하므로...

  → 나와 같은 소망을 가진 Soul Mate를 만난다면 금상첨화!
- 메시지를 정확히 읽으면 앞이 보이고 상황에 대처할 수 있다.
- 꿈이나 영적 메시지는 영성계에서 전해 주는 암시로 받아들이면서 중요한 최종 결정은 맑은 정신에 현실적인 부분과 함께 종합적으로 판단할 일이다. 참나의 메시지와 에고의 판단이 균형을 이루어야 한다.

- 꿈이나 메시지는 장기적인 암시도 간혹 있지만 대개의 경우는 그때그때 바르게 해석해서 제대로 활용하는 게 맞다. 영원불변의 메시지는 평생에 몇 개 건지면 그것으로 족하다 하겠다.

  → 통기타를 만들 만한 통나무가 예 있으니 집에 갖다 쓰라.
  하늘 사람이 이 땅의 일들을 바르게 풀고 빛나게 마무리하다.
  바르게 선택하고 바르게 알고 바르게 행하다 등.
- 하나님이 보우하사 우리나라 만세!

  → 자주 올라오는 것으로 보아 우리나라는 정말로 하느님이 보우하시는 나라가 틀림없겠다. 바야흐로 국운이 융성하는 시기에 들었다.
- 대한사람 대한으로 길이 보존하세.

  → 홍익이념으로 나라가 보존된다.
- 개천절에 하늘이 열리고....
- 오늘...서울...대한민국 전체 넘어온다.

  → 〈Soul Free System〉 인연 점차 확대되다.
- 어느 한 분야의 내공은 꾸준히 마음으로 영혼에 그 경험과 시간을 축적해 나갈 때 전문가의 특출한 힘이 발휘된다.
- 내가 꾸는 꿈의 일부는 다중우주 이론의 또 다른 우주에서 내가 움직이는 것을 보여주는 것은 아닐까 하는 생각이 가끔 들다.
- 큰 그림을 완성시켜 작은 것들은 저절로 해결되게 해야 한다.
- 후성유전자로 우리를 키울 마지막 soft ware는 참나의 경계를 습득하게 하는 것이다.

  → the Buddha System.
- 죽음이 우리를 갈라놓을지라도 시간이 우리를 이어가고 이별이 우리를 갈라놓을지라도 그 또한 시간이 우리를 이어가네.
- 자연의 천지간의 법력은 엄정하고 무한하다. 대자연이 모든 생명과 인

간을 기르는 대자비 또한 무한하다. 무자비한 자비도 포함해서.

- 리모컨 휘두르는 거나 마찬가진데...

  → 대자연이 우리를 자극하는 여러 방법들은 리모컨을 쓰는 것이나 마찬가지로 멀리서 보이지 않게 콘트롤한다.

  인과율로!

- 주기율표도 없는데 사람들은 죽어 나가고...

  → 현실계와 영성계가 맞물려 돌아가고 그 룰도 이해하지 못하는 데 사람들은 현실계에서 영성계로 이동하고...

- 나는 태양처럼 빛나는 자유인이다!

- 하늘을 감동시켜라~!

- '고집이 세다' 는 것! 그 기준은 무엇인가?

  → 남의 말을 듣지 않고 소통이 되지 않는 것.

- 누군가 죽으면 집사람이 곧잘 하는 말 '산 사람은 산다.' 이 얼마나 엄정한 말인가. 인간은 몸 받아 있는 것이 얼마나 귀한 일인가를 단적으로 알려주는 말이다.

- "맘의 에너지는 인간의 에너지 역할을 하지요" 하다.

- 오천 년 칠천 년 만에 50년 70년 사이에 사람도 땅도 천지개벽을 하였는데 어찌 하늘이 움직이지 않았겠는가? 나 또한 일익을 담당하는 발복할 때가 오지 않았겠는가!

  몇천 년 긴 잠을 자다가 깨서 몇십 년 만에 땅도 사람도 천지개벽을 한 이 나라 대한민국! 그도 6.25 사변으로 여러 나라의 젊은이들이 피를 뿌려 제사 지낸 후 완전 폐허 위에서 백 불에서 삼만 불의 소득을 올린 이 개벽을 소홀히 보면 되겠는가?!

- 즉원즉설문을 작성해서...

  → 원하는 대로 바로바로 글로 작성해서...

- 당신 눈에 보이면서 보이지 않게 일어나는 일이면서...

→ 눈에 보이는=물질 색

눈에 보이지 않는=비물질 공

- 신앙은 가르침에 빠져 나를 가두는 것이고 종교는 바른 가르침을 찾아 계속 정진하는 것이다. 신앙을 경계하고 종교를 통해 진리의 세계를 넓혀갈 일이다.
- 일본사람들은 禪的인 小陰人들이다.
- 순치...순하게 이치에 맞다.
- 만물기록

  → 만물은 기록된다. 아카아식 레코드에.
- 사람은 무엇으로 사는가 무엇을 먹고 사는가에 대한 확실한 대답이 여기에...

  → 〈Soul Free System〉 꿈나무를 먹고 산다.
- 5거리에서 차들이 쌩쌩 달리다. 횡단보도에서 사람들이 건너며 딱 끊기다.

  → 후천시대는 인본위주다.
- 비 무루 집

  → 아무것도 오염되지 않고 새는 데가 없는 집!
- 마차를 달리며 필요 없는 것들을 내버리다... 시냅스 연결 완화.

  → 불필요한 생각들을 버리면 뇌도 한가로워지고 시냅스의 연결도 한결 완화된다.
- 알고리즘: 오래된 수학원리? 성모마리아

  → 내공에 깊이 쌓이는 그 무엇.
- 오래 전 친구가 암으로 누워 있을 때 금빛 샤워의 치유력에 대해 처음으로 설명하다.

  → 빛의 치유력에 대한 첫 시도였다.
- 영성계와의 소통은 몸떨림 소름돋음 등으로 느낄 수 있다. 감성 에스트랄체를 통한 비물질계와의 소통이다.

- 관찰애그뉴 〈관찰모드 모든 가능성〉
- 내공이 차면 책을 읽는 게 빨라지고 덜 읽게 되고 진리의 말씀이 올라오게 된다.
- 지혜의 빛은 남을 돕는다.
  → 내공이 차고 물리가 터지면서 빛을 발하며 지혜로워진다.
  → 참나 안에서 에고를 운영하게 된다.
- 물 속에 글을 쓰고 담고 읽는다.
  → 물 속에 우주의 모든 비밀을 숨겨 놓았다 한다.
- 을이 몰입해서 갑으로 되고 또 을이 몰입해서 갑으로 되고
  → 도요토미히데요시는 계속 을에서 갑으로 영적 질량을 높인 전형적인 케이스.
- 희망고문을 이겨내지 못하는 사람은 그 끈을 놓치고 포기하지만 이겨낼 수 있는 사람은 내공을 갖춰 끝까지 붙들고 늘어져 그 그림을 완성시킨다.
- 별이 죽을 때 마지막 순간에 대폭발 백색왜성 초신성 폭발을 일으키며 큰 빛을 내는 동시에 가장 안정적인 원소 철에 중성자가 하나씩 더 붙어 더 무거운 새로운 원소들을 만들어 낸다. 우리 인생도 마지막 순간 한 번 더 크게 뜻을 이루는 일을 하고 마무리할 수 있을 것이다. 내가 말년에 〈Soul Free System〉을 완성 영적 소명을 마무리하듯이.
- 우주 자체가 명석한 지성이라서~
- 진화는 우연의 반복이 빚어낸 필연의 과정이다. 산에 처음 산길이 나는 과정과 비슷하다. 지극히 비효율적인 방법으로, 가성비가 거의 0에 가깝다.
- 138억 년이라는 시공간을 들여서 가성비가 가장 낮은 방법으로 다지고 다져 인간의 영혼이 깃들어 살 수 있는 이 육체를 만들어 낸-大三合六生- 자연의 의지 끈기를 생각하면 이 몸 받아 인간으로 나툰 것에 축복

감사 감탄을 금할 수 없음이라.

- 적자생존은 개체를 주인공으로 본 개념이지만 바른 개념이 아니라는 것이다. 오히려 환경이 환경에 맞는 개체를 살 수 있게 진화시킨다고 보는 게 바른 견해다.

  —〉 에고의 고집으로 일이 이루어지는 게 아니라 참나의 흐름에 맞게 일이 이루어지는 것이다.

  —〉 내가 〈Soul Free System〉의 완성에 소명의식을 갖고 마무리하려는 것은 에고의 발원이 아니라 참나의 발현이다.

- 3, 4차원을 활용해서 인간 진화를 설계하는 대자연의 입장에서는 한 사람의 나고 죽음으로 여러 사람을 깨우치는 건 가성비가 높은 선택이다. 비록 당사자나 그 가족은 매우 견디기 힘든 일이지만.

  —〉 무자비한 자비의 순환!

- 누구에게나 그 필드에서 윗사람 윗자리에서 편한 분야가 있다. 그 곳 그 자리가 그가 있어야 할 곳 자리이다, 다른 곳 다른 자리는 그냥 잠시 쉬고 지나치는 곳 잠시 내공을 기르는 자리다,

- 이 우주의 무한 변수를 암호화해서 가장 짧게 압축해서 풀어놓은 것이 천부경이라 하겠다. 9×9=81자로!

- 바르게 하지 않으면 바르게 되지 않는다. 이 바르게 한다는 게 쉽지가 않다. 영격에 따라 그 답이 달라질 수 있고 결국은 깨달아야 바르게 보고 바르게 알고 바르게 행할 수 있게 된다.

- skyteller

  —〉 하늘의 일을 이야기하는 자.

- 소명의식을 느끼고 사는 자. 진행하는 과정에서도 즐거움을 맛보지만 그 일을 마무리하기 전에는 참된 행복감을 느낄 수 없다.

- 통기타(이 우주를 울릴 만한)를 만들 만한 통나무(천부경)가 예 있으니 집(꿈 목표)에 갖다 쓰라.

- 범아를 의식하면 소아를 포함한 모든 사물 환경이 감정이입 없이 좀 더 객관적으로 명확하게 보이고 느껴진다. 태공~으로 간다.
- 일은 일로 한다.
- 당신은 포기할지 몰라도 이 메커니즘이 당신을 포기하지 않을 것이다.
- 어느 분야에서나 대성하는 자들 리더들은 자기 마음에 휘둘리지 아니하고 그 마음을 자기 뜻대로 쓴다. 자기 마음에 끄달려 사는 자가 대성하는 길은 없다.
- 우리들에게는 늘 여러 가지 길이 열려 있고 선택지도 많이 있는 경우가 있다. 마음이 내키는 대로 끌리는 대로 움직이며 깊이 생각하는 게 정답이다.

  → 참나의 경계를 터득할 때부터 개인은 자신의 의지에 따른 선택을 할 수 있다.
- 반짝이는 걸 잠시 더 놔두면 무난하다.
- 인간의 역사는 단편적으로 잘라서 보면 늘 부정적인 면이 극렬해 나쁘게 보이지만 긴 흐름으로 보면 인간은 끊임없이 긍정적이고 바른 방향 우상향으로 진화하는 모습으로 보인다.

  우리나라 역사나 세계사나 단면을 잘라서 보면 불합리하고 불평등하기 짝이 없다. 그러나 역사의 큰 흐름을 보면 더 좋아지고 진화하는 건 틀림없어 보인다.
- 각자의 마음에만 심상을 그릴 수 있는 Pattern이 있는 게 아니라 그의 영성도 특징을 나타내는 영적 Pattern이 있는 것 같다.

  이 두 Pattern은 서로 공명하며 작용할 것이다.
- 힘든 수술이나 어려운 일이 있을 때 좋은 환경에서 견디면 검은 세력이 한껏 활동하지 못하고 기가 죽어 힘을 쓰지 못한다. 그래서 같은 일을 하더라도 환경을 맑고 밝게 긍정적인 힘을 쓸 수 있도록 만드는 게 중요하다.

- 금빛 고양이의 금빛 시선으로 삿된 기운 탁한 기운 Fade-Out 모든 장애 퇴치하다.
- 하루아침에 만들어지는 게 아니다.
- 동판을 깨고 나올 만큼 선한 의지가 강하다면...
- 모든 꿈을 그리고 완성 성공하는 과정은 결국 사고실험의 과정이다. 사고실험을 통해 한 발씩 앞으로 나아가며 현실에서 그 꿈이 실현되고 그 점을 기점으로 다시 더 큰 목표를 그리며 나아간다.
- 사고실험의 사례는 내 인생에서 실험을 통한 실험값을 내놓을 수 있어야 한다.

  → 다른 사람들이 공감하고 공감대를 형성할 수 있을 것이다.
- 자신감은 자칫 자만심으로 빠질 수 있는 오만함으로 연결되지만 자존감은 자신의 정체성을 찾아가는 겸허함이 배어 있다.
- 이 세상에는 태어날 때 아예 극복할 수 없을 정도의 불행을 타고나는 경우도 많다. 그것이 그를 깨우치는 유일한 방편이기에.
- 최소한 자신의 전문분야에서 만이라도 상식을 뛰어넘는 식견으로 남들을 깨우칠 수 있어야 참 전문가 도인이라 하겠다.
- 죽음의 주체는 누구인가?

  → 에고다. 有爲의 들고 남이다. 참나는 죽음 너머의 존재다.
- 인간은 우주의 관찰자가 아니라 참나를 통한 창조자다
- 참나의 영적 의지는 에고의 의지력에서 물러나 내맡김을 통한 의지이다. 에고의 의지력은 수고스럽고 저항을 유발한다. 참나의지는 수문을 열고 뒤로 물러나는 것과 같다. 통제를 포기하는 것과 같다. 에고의 의지력보다는 내맡김을 통한 참나 의지가 훨씬 더 지혜롭고 타이밍을 잘 알고 행한다. 에고를 참나에 내맡기며 일을 진행하는 것이 참나와 에고를 조화시키는 것이다.
- 하늘은 그 그릇에 맞게 들어와 앉아 모양을 보이신다. 그 그릇은 각자

자기가 일부를 만들고 나머지는 본인이 하기에 따라 환경과 하늘이 함께 만들어 간다.

- 자신의 소명을 확인하고 꿈 목표를 분명히 하고 직선으로 가면 다소 중간중간에 잘못하는 일이 있어도 용서한다. 그러나 일을 맡겼는데 소명감을 잊어버리고 제 길을 계속 벗어나면 용서 없는 시험지로 내팽개쳐진다.
- 인간! 아~ 위대한 영혼이여!
- Quantum Mind 양자 마음: 비국소성 비시간성 동시성 양자얽힘 등을 통해서 모든 영적 정신적 물질적인 세계는 연결되어 있다. 서로 상대적인 관찰자가 되어 서로서로 응하고 답하고 영향을 주고받는다. 인과의 법칙이다.
- 물리학의 언어가 세상을 보는 데 크게 도움이 된다
- 근접한 것 같은데 어느새 멀어져 있는... 인생이 빙 돌아서 어느 순간에 자기가 그 문제에 그 문제의 정점에 서 있는... 풀리지 않는 문제를 만나면 가끔은 놓고 다른 일에 몰두하다 보면 문득 풀려 있는.
- 우리 뇌에는 불필요한 건 보거나 느끼거나 하지 못하게 하는 장치 기능이 있다. 그러나 이것이 열릴 때 임사체험이나 영적 체험을 하게 된다. 흔한 일은 아니지만.
- 죽음은 끝이 아니고 물리적인 상실일 뿐이다.
- 행복한 하늘 거기 누구 없소?
- 빛에는 시각적으로나 몸에나 감성적으로나 마음에나 정서적으로나 정신적으로나 영적으로나 영향을 미치는 힘이 있다.
- 부처의 자비와 기독의 사랑이 이 우주 어디에서나 통과할 수 있는 free-pass 통행권이라 했던 젊은 날의 생각이 이제야 재확인되고 있다. 머리가 아니라 가슴 생활 〈지금－여기〉서 발현 발동하도록 놓치지 말아야겠다.

- 토 달지 말고 그냥 감사 사랑하자.
- 자네는 늘 태공의 손바닥 위에 있고 벗어난 적이 없네.
- 이 하늘 아래 감사할 일은 있어도 용서할 일은 없고 사랑할 일은 있어도 미워할 일은 없다.
- 운과 향이 잘 어우러져 보기 좋고 냄새 좋고...
- 흙으로 돌아가는 걸 빤히 알면서...
- 간섭을 하면 멀어진다. 의논을 하면 가까워진다.
- 참나! 에고를 통해 꽃을 피운다.
- 아무리 많아도 이 하나를 벗어난 적 없으며 영겁의 세월도 이 한 순간을 벗어난 적 없습니다.
- 큰 화분에 깊이 박힌 나무 기둥 보이다.

  → 죽음이 삶의 중심이다.
- 극단적으로 에고에 충실해서 성공하는 경우도 있고 극단적으로 참나에 충실해서 성공하는 경우도 있으나 나는 그 양변을 잘 활용해서 큰 뜻을 이룰 것이다.
- 부처님의 가르침은 물의 종교가 되어 이 세상을 순하게 깨우치고 예수님의 가르침은 불의 종교가 되어 세상을 뜨겁게 일깨운다.
- 하늘 사람이 이 땅의 일들을 바르게 풀고 빛나게 마무리하다 하는데 We are all wired 하는 소리 들리다.

  → 우리의 인연인연들은 어설프게 연결된 것이 아니고 철삿줄로 연결되듯 단단하게 묶여 있다.
- 친구가 나에게 전화를 걸어 '불경의 저 하늘의 생명들' 에서 저 하늘의 뜻이 무어냐 묻다. '온 누리에 있는 눈에 보이지 않는 생명까지도' 라고 설명하다.
- 그 기능이 인류의 역발전을 유발해서 발전에 기여한다면 그 또한 역설적인 순기능이다. 이 시스템이 하나 있으니 돌연변이라 하겠다.

- 뼈를 갈아치우다: 정상적인 방법으론 표현이 안 될 때 쓰는 표현이란다.
- 생각 없이 살면 생각 없이 흘러가는 것이고 체계적으로 전략적인 노력을 하면 향상하는 것이고.
- 어떠한 경우든 위치를 바꾸면 변화시킬 수 있다.

  → 막히면 위치를 바꿔라.
- 사과의 상한 부분을 너무 깊이 살까지 베어버리는 것을 보고 내가 "If you want take out this part just skin not inside" 라고 말하다.

  → 청정하게 한다고 근본까지 다치는 우를 범하지 마라.

  에고를 몰살시키는 게 참나의 정체성을 갖추는 건 아니다.
- 언젠가는 이 조선의 청년들이 다 이 에너지장을 가지게 될 것이고 그 양을 많이 가진 사람이 부자가 될 것이다.

  → 〈Soul Free System〉 널리 전해진다.
- "꿈을 아는 한 빛나게 살 수 있다"는 글 뜨다.

  → 〈Soul Free System〉
- 단전호흡으로 힘을 기르고 참나에 접속 Code-In 영적 내공을 키우며, 〈Soul Free System〉을 완성 영적 소명 마무리하며, 이웃 사회 국가 인류에 이바지하는 인연을 넓힌다. 여기에 영성시로 인연들의 영성을 밝히고 영혼을 자유롭게 돕는다.
- 에고가 의식하거나 못하거나 참나의 무한 보물창고에서 그가 뽑아 쓰는 것은 그의 영격의 수준에 따른다.
- 알아차리고 깨어 있으라.

  → 얼마나 수승한 단계에서 깨어 있는가의 문제로다.
- 1995년 인도 여행 후 "더 이상 궁금할 것이 없다" 하여 여행을 안 했으나 좀 건방진 생각이었구나 하는 생각이 요즘 든다.
- 인공 달을 맞추다.

  내가 쏜 화살이 아주 멀리 떨어진 인공 달을 맞추고 하늘의 달을 향해 새가 되어 날아 오르다.

- 당신 손길이 닿는 곳마다 반짝반짝 빛이 나네.
- 세월아 네월아.

  → 시간이 많이 흘렀다.
- 아주 지극히 조용히 오고.

  → 바르게 행할 때 천신이나 자연은 나도 모르게 은밀히 온다는 가르침이다.
- 나는 앞을 보고 걷고 무동을 거꾸로 멘 자는 뒤를 보며 앞뒤를 감시하며 걷다.
- 거북하고 위험한 상황에 오래 머무는 것도 스킬이다.
- '촛불이 꺼지면 빛이란다.' 갑자기 촛불들이 꺼져 빛의 상태로 깜깜해졌는데 다시 환해지다. 촛불이 다시 켜졌나 보니 아예 새벽이다.

  → 갈수록 어두운 면은 사라지고 밝은 면이 다가온다.
- 창공에 큰 새의 날갯짓.

  → 일이 크게 뜻대로 이룬다.
- 새 그림과 함께 "You archieve all light"라 뜨다.

  → 두 번째 시화집 이후 가볍게 성취한다.
- 발원은 빌거나 구걸하는 게 아니라 당당하고 확실하게 천지에 고하고 그리 노력하며 천지간의 기운이 도움이 되도록 하는 것이다.
- 군더더기를 자꾸 더하지 마라.
- "발파되지 않고 드러나는 건 없어" 하다.
- 혼자서 끙끙 앓다가 죽는 것보다는 인류를 위해서 죽겠다는 것이 훨씬 인간적이다.
- 두 가지 관점이 있습니다. 이 일이 일어난 원인과 그 후 수습과정과.
- 나이 들수록 건강 챙기는 것과 찜찜한 거 남지 않게 하는 게 중요하다는 생각이 든다.

- 우리는 모두 영명한 영적 존재들이다.
- 불교는 잘 먹고 잘 살겠다는 기도를 하는 종교가 아니라 깨달음의 종교다. 기도는 모든 종교의 생활을 위한 방편이고 붓다는 늘 깨어 있으라는 주문이다.
- 그래도 삶은 아름답고 고맙고...
- "돈이면 다냐?" 고 한 게 얼마 되지 않은 듯한데 이제는 "돈이 인격이고 하늘" 인 세월이 된 듯하다.
- 그 환경과 그 질량으로 하는 그 행동이니 다 맞다. 그러나 그 행동 후에 스스로 받아야 하는 결과와 상대에게 주는 영향과 반응은 자기 몫이다. 그래서 영격을 높이고 바르게 행하는
  생활도를 깨우쳐야 한다.
- 천부경을 이해할수록 숫자에 민감해진다. 특히 4자에.
- 오늘의 고통이 내일의 거울로 다가온다.
- 우리는 미간에 고추를 집어넣지 않는다.
  → 마음공부는 성과 별개다.
- 각자는 자신의 염불에 따라 자신을 꽃피워 나간다.
- 인생은 역경 속에 선물이 숨겨져 있다.
  → 무자비의 자비를 깨달으라.
- 〈참나〉에서 〈나〉마저 떨어져 나가 〈참〉만이 남을 때 〈색즉공〉에서 〈공즉색〉으로 〈공〉의 범위가 무한대로 확장되리라.
- 우리 눈에 보이는 이 우주 만물은 보이지 않는 마음 영적 세계 실상을 그대로 복제한 것이다.
- 눈에 보이는 이 몸이 노는 공간이 눈에 보이는 이 허공인 것과 같이, 눈에 보이지 않는 이맘이 노는 공간은 눈에 보이지 않는 참나이다. 참나의 복제가 이 허공이고 맘의 복제가 몸이다.
- 이 유위-현상계-의 허공은 무위-참나-의 허공의 그림자며 현상계

의 모든 표출은 무위에서의 나타남이다.

- 이 허공 속에 숨겨진 참 허공을 보는 자 그가 깨친 자이니라.
- 내가 지금 〈Soul Free System〉을 마무리하려는 것은 어느 정도는 나에게 잠재된 영혼의 마음이 이끈 것이라 생각된다. 나도 모르게 마음이 낸 길을 따라온 것 같다.
- 참나 안에서 확연히 깨어 있는 에고는 이미 초월적인 존재라.
- 道人 그는 누구인가? 밝은 눈으로 지금-여기를 바로 보며, 펼쳐질 앞날을 바로 보아 바르게 처신하는 사람이리라.
- 하나님 은혜입니다. 하나님 은혜는 은혜 중 은혜입니다.

  → 감사합니다. 사랑합니다. 축원합니다.
- 나에게 1815년 시작한 300년 전 이 회사 와인 맛과 지금 맛을 구분하란다.

  → 옛날과 지금의 마음 정신 영성 등을 비교하라.
- 우리가 관리하며 쓰는 이 몸과 마음을 자칫 잘못 험하게 쓰면서 결국은 서서히 자살하는 것으로 볼 수도 있다.
- I am yourself.

  --〉 나와 너는 둘이 아니다.
- 이번 생에 끌고 다녀야 하는 3개의 생명줄이 있다.

  → 〈천天 지地 인人〉〈감사 행복 긍정〉

  〈감사합니다. 사랑합니다. 축원합니다.〉

  〈무상無常 — 무아無我 — 열반적정涅盤寂定〉
- 인간의 가치는 일반적 판단 기준인 돈과 권력이 아닌 전혀 다른 영성에 의한다.
- 가성비가 낮은 비효율적 방법으로라도 꾸준히 내공을 쌓아 임계점을 넘으면 기적 아닌 기적이 일어난다.
- 한 가지에 집중해서 골이 파이고 결이 생기면 내공이 쌓이고 전문성과 힘도 생기지만 자칫 고정관념과 군내도 날 수 있다. 늘 맑고 밝고 투명

한 참나 안에서 새롭게 정제해 나가면서 내공을 키워야 하겠다.

- 모든 위대한 인물들이 뽑아 올린 힘의 원천을 찾은 듯하다. 바로 〈참〉의 자리다. 이 〈참〉에 내가 자리하면 〈참나〉가 된다. 이 힘의 원천에서 어떻게 바르게 뽑아 올려 쓸 것인가를 개발해 나가자.
- 번아웃(burnout)은 새출발하라는 신호인데 그냥 나가떨어지면 패자로 전락한다.
- 천상천하유아독존

  → 붓다의 오도송!

  내 앞에 어떤 우상도 두지 않으면 내가 신이다.

  내가 부처다.
- 몰록: 물방울이 올라오는 공간에 생각이 톡 올라오다.
- 이번 시화집 발행의 교훈: 고도의 영적 지성을 발휘하면 자신을 최고수준으로 끌어올리고 주위의 존경을 받으며 경제적인 어려움 없이 할 수 있다는 것이다. 이것이 참나 안에서 사명감을 갖고 하는 일의 적절한 사례다.
- 생각에 끌려다니지 말고 깊이 사유하는 습관을 들여라.
- 참나의 힘은 크고 에고의 힘은 강하다.
- Buddha System은 〈Soul Free System〉에서 Incubation System을 더욱 강화해서 더욱 명징하게 정화하면 가능할 것이다.
- 마루 종(宗) 가르칠 교(敎)의 종교를 믿을 신(信)의 신앙으로 돌려 놓은 그 포인트에는 어리석음 반 집단의 이기심 반이 녹아 있는 듯싶다.
- 사하여 주신다 하여 그 아래 꿇어앉아 비는 거 인간적으로 이해하고 봐줄 수 있지만 비겁하고 바르지 않다.
- 그 행동이 근본적으로 긍정적인 일이라면, '그냥 계속하는 태도' 는 어디서든 장기적으로 훌륭한 결과를 낳습니다.
- 제가 좋아하는 격언이 있어요. '사람은 1년에 할 수 있는 일은 과대평가

하고, 10년에 할 수 있는 일은 과소평가한다.' 물론 '멀리 보고 차근차근 준비하는 것'은 쉽지 않겠죠. 그러나 매사에 그런 판단을 내리고 실천한다면, 부와 삶에서 반드시 안정적인 피드백을 확인할 수 있어요.

- 글을 잘 쓰는 사람은 그 품성이 쓰는 글만 못하기 쉽고 말 잘하는 사람은 그 품성이 말하는 것만 못할 수가 많다. 그 글이나 그 말은 그 사람의 영적 정신적으로 고양된 수준에서 나오는 것이고 그 사람의 품성은 그 습에서 나오기 때문이다. 그의 고양된 영적 수준에서 그의 습과 품성이 녹아 영격에 맞게 up-grade 되는 것은 또 하나의 과정이다.
- regeneration —재생—

  → 윤회 부활
- 생각 감정 몸으로 느끼는 오감을 인식하는 주인공은 의식 참나다. 몸이 나고 죽고 생각 감정이 일어났다 스러지고 하는 뜬구름 같은 생멸을 인식하는 주인공은 참나 뿐이다.
- 생시에 바르게 집중해야 꿈 잠재의식에 전해지는 메시지도 바르다.
- 참나의 순도 질량에 따라 영격이 결정된다.
- 서로 맞물려 돌아가는 거대한 시스템
- 시간시간 시간들... 아카데믹한 시간들
- 시제詩題만 정하면 시가 쓰여지니 큰 재능이 하나 더 생겼다. 언제까지 갈지 자못 궁금하다. 많은 시인 작가들이 그 엄청난 물량의 작업들을 해낸 그 자리가 이해된다. 큰 일을 한 사람들의 능력이 쏟아져 나온 자리가 어디였는지 이해될 듯하다. 나도 그 능력을 뽑아 쓰기 시작하는구나 하고 생각하게 되다.

  → 참나 공활한 자리에서 창발 창조의 큰 힘이 나오는 걸 알게 된 듯하다.
- 상대를 사랑하는 마음으로 풀라.
- 오만의 덫에 걸리는 지뢰밭은 사방에 깔려 있다.

- 생명의 원소: 공기 물 햇볕+기
- 고통 속에 숨겨진 씨앗을 찾아 달여 먹으면 보약이 된다.
- 내 자리가 법당이고 나는 움직이는 법당이다.
- 공활한 장의 에너지는 나눌수록 커진다. 순하고 선하게 쓸 일이다.
- 종지부를 찍고 나서야 자기가 최종적으로 무엇을 가졌는지를 알 수 있다.
- 영화 '한산' 에서 이순신 장군은 임진왜란의 싸움을 '의와 불의의 싸움' 이라 하셨다. 단순히 우리나라를 위한 전쟁이라는 조국수호를 위한 개념보다 상위개념의 뜻을 품고 계셨던 것으로 이해된다. 보다 한 차원 높은 상위개념을 가슴에 품고 산다는 것 위대한 인생의 첫발이다.
- 인도에서 수억의 인간을 가난의 구렁텅이에 궁글려 한 부처 탄생시키듯 우리 대한민국에서는 오천 년 동안 천 번에 가까운 외침으로 나라가 쑥밭이 되기를 밥 먹듯 하며 백성이 죽지 못해 살아도 망하지 않게 한 것은 이 대한민국이 세계의 끝판왕이 되어 세상을 바르게 사는 곳으로 만들게 하기 위함이리라.
- 색깔과 빛의 파장 차이

  색깔은 물리적으론 단순히 빛의 파장의 차이일 뿐인데 색깔에 따라 우리가 느끼는 감정의 차이로 마음이 달라지는 것은 색깔이 단순한 물리적인 한계를 넘는 힘을 갖고 있는 것으로 봐야 할 것 같다.

  색깔의 파장이 세포 DNA의 파장에 영향을 주고 검붉은 색은 부정적인 오라를 형성 우울한 기운과 마음을 갖게 하고 밝은 색은 맑은 오라와 기운을 형성하는 힘이 있다.
- 〈Soul Free System〉과 〈Buddha System〉은 진화하는 새로운 장! 생명을 진화시키는 mechanism이며 진리의 힘을 활용한다.

  신이 되려는 인간 진화의 시간을 단축할 것이다.
- 그는 생계형 글은 쓰지 않았다 한다. 그래서 그의 글은 신뢰를 얻고 그는 글을 오래 쓸 수 있었다. 내가 영적 관련에는 십원짜리 동전 한 잎 연

관 짓지 않으려는 마음과 일맥상통한다 하겠다.

- 청정법신의 이 몸과 마음은 이번 생을 운영하는 내 자산이고 나는 무한자인 太空이다.
- 깨닫고 알아차림은 모든 생명이 갖고 있는 본능적인 기능이다. 단지 〈에고〉의 수준이냐 〈참나〉의 수준이냐 〈참〉의 수준이냐 하는 영격의 차이에 따라 깨닫고 알아차리는 수준이 다르다.
- the Origin＝제1의 원인＝참나＝깨침＝진리＝법＝空
- 알아차린다는 것은 몸 생각 감정 오감이 나라는 동일시에서 벗어나 거리를 두는 것이다. 극단적인 경우 죽음이 올 때도 알아차리면 에고의 죽음을 근본 의식 참나가 알아차리며 그냥 받아들이고 보낼 것이다.
- 원커나 원치 않았거나 군 생활도 공무원 생활도 고려가방도 그 시작은 바닥이었으나 그 끝은 화려하게 마무리하였다. 말년의 그 끝은 〈Soul Free System〉 완성으로 꽃피우리라.

  → 시가 영성을 밝히고 영혼을 자유롭게 하는 〈Soul Free System〉의 보조 수단으로 역할을 할 듯하다.

    → 고교 졸업 60주년 기념을 기해 〈마음 한 조각을 찾다〉 두 번째 시화집 발간하다.
    이번 시화집 출간이 저 먼 과거의 인연부터 앞으로의 먼 미래 인연까지 징검다리 역할을 하는 느낌이 든다.
- 이번 시화집 출판 과정을 보면 막연히 '마음 한 조각을 찾다' 시화집을 내볼까 하고 맘을 낸 것이 졸업 60주년 기념을 계기로 시낭송도 하고 친구들의 경제적 응원 등이 쾌하게 일사천리로 진행되면서 힘들이지 않고 마무리되다. 많은 놀람과 찬사를 받으며… 참나의 관심 속에서 이룬 〈성공사례〉라 하겠다.
- 시화집의 후속 조치로 깊고 부드러운 아름다운 시로 주변을 맑고 밝고 즐겁게 만들어 나가자.

- 나는 몸과 마음을 제어하고 명령하는 존재이다.
- 내가 감격해 자주 눈물을 흘리는 것은 순수 긍정 에너지가 분출하는 것이네.
- 영적 소질을 갖고 영적 체험을 하고 건강하게 영적인 관심과 연구자세를 가진 자를 만나는 건 나에겐 큰 행운이다. 이 행운으로 Soul-mate를 만날 수 있기를….
- 생명 우주 물리 양자 인간 시간 등 근원에 대한 깊은 이해를 위한 노력! 즐겁고 아름답고 버거운 일이다.
- 나에게는 모든 것을 하나로 꿰뚫어 보려는 성향, 시스템으로 묶어 보려는 성향과 능력이 있다. 내 삶을 초년 중년 말년으로 보고 묶어내고, 고려가방 때도 20년 계획을 세우고, pscc 회장 때도 전회원을 하나로 묶어서로 유기적으로 도울 수 있는 시스템으로 만들었으며, 지금은 현실계와 영성계를 하나의 움직임으로 보아 그 주체인 영혼이 자유로워지고 영성이 맑아지는 시스템 〈Soul Free System〉을 만들려 하고 있다. 이 시스템을 연구하면서도 나의 식구들을 통합하고 유기적으로 성공 성취하는 시스템적인 구조 〈꿈나무〉를 완성하려 하고 있다. 즉 전체를 하나로 묶어 통으로 이루려는 총괄적이고 시스템적인 기능을 갖는 무언가를 늘 궁구하는 것이 나의 가장 강력한 끌개로 보인다.

  ←〈통기타를 만들 만한 통나무가 예 있으니 집에 갖다 쓰라〉는
  이런 나의 능력을 잘 알고 전달한 메시지네.
  나 하나가 아니라 전체를 묶어 함께 이익되게 하려는 공인의
  기질—통—이 늘 있었다고 보인다.

  ←〈홍익인간의 이념〉
- 한참 그림을 그릴 때 사인을 하면 다음 그림이 올라왔듯이 생각들도 올라온 생각을 일단 정리하면 다음 생각이 저절로 올라오는 것 같다. 이제는 시詩가 그러하다.

→ 생각들도 다 자기 몫 에너지 질량이 있어 앞의 것이 정리되어야 다음 것이 올라오는 게 정상일 것이다.

- 내가 추구하는 〈Soul Free System〉의 최종 목적지는 인간이 개인적인 노력으로 부처가 되는 게 아니라 시스템이 부처를 이루게 하는 시스템 부처(System Buddha) 부처 시스템(Buddha System)이다.
- 지금 경제적 어려움으로 나를 끊임없이 담금질하는 것은 법력을 여법하게 꺼내 쓸 수 있는 the Powerful Master Chamber를 완성 기도발원의 시스템을 만들어내라는 자극을 주시는 것이다. 〈Soul Free System〉, the Master Chamber, the Super Ball을 여법하게 끌어내는 시스템을 사고시험을 통해서 만들라는 사명을 마무리하라는 하늘의 부름이다.

  → 〈운을 열고 원을 발하다〉 기도발원문 마무리.
- 전생에 이 해동 대한민국을 향해 몇 번을 이동해서 이번 생에 여기까지 왔는데 왜 왔는지를 기억해내지 못하고 평생을 고심했다. 이번에 갈 때는 다음 생에 내가 할 일을 처음부터 기억해 내고 시간을 낭비하지 않도록 죽기 전에 확실히 각인할 일이다.
- 내 신통한 상담기법이 〈현실요법〉으로 학문적 뒷받침으로 증명되었듯이 지금 마무리하려는 〈Soul Free System〉도 전혀 가능성 없어 보이고 허망해 보일 수도 있지만 경제적 뒷받침 없이도 일단 해낼 수 있는 〈사고실험〉을 통해서 완성할 수 있을 것이다. 내가 실질적으로나 현실적으로 해내지 못하더라도 누군가는 해내고 다음 세대에서 유용하게 쓰일 것이다. 아인슈타인의 상대성이론을 영국의 천문학자가 증명했듯이.
- 우리 벗들이 구석구석에서 빛을 발하며 일생을 보냈는데 나는 느지막이 영성을 밝히고 영혼을 자유롭게 하는 〈Soul Free System〉으로 밥값을 하리라.
- 붓다는 영성계의 최상위 끝점과 현실계의 최하위 끝점에 동시적으로 열려 있는 공시적으로 항상 깨어 있는 존재이다. 영성계의 최상에 〈태공〉

이 있고 현실계의 최하위에 〈현정〉 내가 있어 공시적으로 느끼고 깨어 있으면 붓다의 경계를 맛볼 수 있으리라.

- 태공에게는 현실계 영성계를 모두 통섭 아우르는 힘 능력이 있다.
- 나에게 종교는 근본적으론 진리탐구의 방편이었다. 그래서 종착지가 천부경으로 결말이 난 것이다.
- 남들도 나이가 들수록 이 세상이 점점 더 경이롭게 느껴지는가 더 고맙고 감사하게 느껴지는지 궁금해진다.
- 몸가짐은 점점 노인네 티로 가는 걸 막을 수 없지만 속내 지혜의 샘 또한 더 깊은 곳에서 순일하게 올라오는 걸 막을 수 없는 것도 나이테 덕이다.
- 영성을 밝히고 영혼을 자유롭게 하는 직접적이고 강력한 시스템은 〈Soul Free System〉이고 순하고 부드럽게 조용히 하는 질량이 높은 방편은 시詩다. 특히 마음을 울리는 영성시靈性詩가 설득력이 있을 것이다.
→ 바른 영성시靈性詩를 많이 쓰고 전해야 할 것이다.
- 이 끊임없이 올라오는 깨달음의 소리와 시를 어떻게 써야 좀 더 많은 사람들에게 전달하고 나눌 수 있을까?
- 논리는 설득이 아니라 설명이라 하는데 시는 우리에게 왜 감동이 전해지고 수승한 경지로 인정받는가? 심성에 호소하고 스토리가 있기 때문이라.
- 번개같이 나타나서 시집을 매일 한 권씩 100일 동안 100권을 읽으란다. 시 쓰기의 한 차원 up-grade 시키려는 배려 고맙습니다. 필요할 때 필요한 인연 지어지다.
- 친구가 나의 〈Soul Free System〉 작업에 영가들이 해코지할까 걱정하다. 참나 안에서 10원 한 장 받지 않고 사심 없이 특히 아이들을 위해 하는데 그들이 뭐 얻어 먹을 게 있어 나를 해코지하겠는가?
- 하늘의 귀인들이 함께하는 이 공간—내 주변—을 깨끗하고 정갈하게 유

지하는 건 당연지사가 아니겠는가?

- 친구가 그 처가 간 같은 날 5년 터울로 갔다 한다. 자기 처를 좇아갔다는 메시지가 아니고 무엇이겠는가? 어지간히 반가운 해후를 하였으리라.
- 친구 왈 "이왕이면 영어로 출판하시라. 국제적인 별거 아니다."
  → 그의 말대로 〈Soul Free System〉 한글과 영어를 함께 써 출판할 준비하고 있다.
- 목표에 소명의식을 갖고 임하더라도 그 속에 매몰되거나 집착으로 땅에 눌어붙지 않도록 경계할 일이다. 하늘을 향해 열린 마음으로 축원하며 맑게 자유로운 자세로 풀어나가자!
  ← 하늘 사람이 이 땅의 일들을 바르게 풀고 빛나게 마무리하다.
- 우리나라는 지금의 80대가 경제 기초를 닦고 60대가 그 위에 하드웨어 경제를 마무리하고 50대 40대는 소프트웨어 경제를 일으키며 문화 인문의 꽃이 피게 하다.
- 다중우주가 존재한다면 이 우주는 항상 모든 가능성을 열어놓고 있다는 기본개념에 맞는다고 생각된다. 나의 바람직하지 않은 모습을 줄이고 바른 모습의 우주가 생성되도록 노력하는 게 진화하는 우주에 적극적으로 맞추는 게 되겠다.
- The Powerful Master Chamber is never end working system.
  → 〈Soul Free System〉은 끝이 없는 never ending system이다.
- 몽중일여: 자면서도 깨어 있을 수 있으면 죽을 때 이승에서 저승으로 건너가는 내 모습도 보면서 갈 수 있겠다.
- 〈공〉의 순도와 함량이라!
- 인간은 자비와 무자비의 순환과 역설을 통해서 가성비 제로에 가까운 무한진화를 이어오고 있는 것이다.
- 부처님께서는 무자비한 자비를 통해 내가 깨달음을 얻게 하셨고 이 과정을 통해 부모 형제 조카들이 먹고 살 수 있는 계기를 마련해 주셨다.

부처님의 이 원력한 자비의 세계를 어찌 쉽게 가늠할 수 있겠는가?

- 〈마음 한 조각을 찾다〉 출판의 공덕으로 〈참나〉의 나를 버리고 〈참〉의 문을 열고 들어가다. 〈참〉의 문이 열리다.
- 자기를 속이지 말자.
- 나의 이 깨달음의 경계를 누구에게 무엇으로 전할까? 생활 속에서 연이 닿을 때마다 그 연에 맞게 풀어 전해야 한다.
- 하나 둘 셋 넷 다섯 역으로 다섯 넷 셋 둘 하나 ok~
  → 진리는 선순이든 역순이든 변함이 없다.
- 〈참나〉의 〈참〉 상단전 미간에 자리 잡고 멸진정삼매에 들다.
  → 오래 전 스님 법문을 큰 강의장에서 바로 면전에서 듣던 장면 뜨며 상단전에 〈참〉 자리하다.
- 〈Soul Free System〉은 나의 피로 만들어진 백신이다.
- 〈Soul Free System〉이 확실하게 태어났다고 선포하라.
- 꿈이 있고 꿈을 아는 한 빛나게 살 수 있다.
- 일물(物)도 없는 중(참나)에 法界 일상(一相)(에고) 나투다.
- 하늘 사람이 이 땅의 일들을 바르게 풀고 빛나게 마무리하다.
- '이 우주에 거칠 것이 없어라.' 모든 것을 가볍게 스쳐 지나가라.
- 나는 "물이 달다."
- 열반(참나)=죽음을 즐길 정도로 삶이 충만하다.
- 아~ 저 심안의 허공에 반짝이며 무수히 떠다니고 있는
  저 존재들이 이 우주 만물의 주인공! 세포라 하네.
  인간 한 사람 한 사람의 실존이었네.
- 나는 X축-현실계-과 Y축-영성계-에서 어디 쯤에 있는가?
- 본래 無一物(참나)이나
  여기 한 물건(에고) 있으니 갖다 쓰시게.
- 願生이 아닌 業生의 중생들이 어찌 무겁지 않을 손가!

- 回光返照: 저 밑에서 명징한 시선으로 받혀주는 自性(참나).
- 道: 오고 가는 그 자리 그대로.
- 見性: 成佛의 꼭지를 따다. 道의 시작점에 서다. ⟶ 成佛
- 놓치면 멈추고 챙긴다.
- 대한민국이 대한민국이게 하라.
- '소 떨어진다.'

  ⟶ 진리－참나－가 내 앞에 나투다.
- 백색 부처님 가부좌 틀고 공중에 떠 계시다.
- 편재 ⟶ 만재 ⟶ 창발
- 화려한 종이 섹션을 붙여 만든 귀면들.
- 해맑은 도인이 이 땅의 일들을 순하게 풀다~ 천부경 ~
- 텅~ 몸도 생각도 사라진… 공한한 공활한 경계! ⟶ 太空
- 하늘 좋아 선을 긋다.
- 우리도 공중에서 오래 있으면 초상권을 주장할 수 있을까?
- "음양이 상주하여 거룩할지어다."
- 사람의 줄임말이 "삶" 이다.

  ⟶ 삶 속에서 생활도를 이룬다.
- 꿈을 지배하면 자유로워진다.
- 깨어 있는 의식－참나－이 주인공이다.
- 내 욕심을 내세워 메시지를 해석 해몽하지 마라.
- 꿈도 내 생활의 일부로 받아들이는 게 옳다.
- 꿈도 나의 갈등과 모순을 알 수 있는 자료들이다.
- 영성계의 변화가 현실로 나타나는 데 걸리는 시간은 가늠하기 어렵다. 빠를 때도 있고 의외로 아주 늦을 때도 있다.
- 바지 저고리 신발 팬티 가방 지갑 폰 잃어버리고 돈 한푼 없고 길 못 찾고 집 식구들 못 찾아 애쓰는 꿈을 10여 년 넘게 꾸다.

→ 자신이 해야 할 일을 하지 않고 엉뚱한 일에 시간을 낭비한
때문이었을 것이다.
어려운 환경을 극복하고 다시 여유로운 환경을 만들어내는
사고실험 〈Soul Free System〉을 완성하고 마무리시키기 위한
시험지였을 것이다.
식구들을 영적 경제적인 어려움에서 구해냈다는 건방을 떨어
오만함의 덫에 걸린 것이다.

- 꿈: 성에 관련해서는 노골적이고 황당하다.
- 선몽 명석몽들도 많은데 해몽이 쉽지 않을 때도 많다.
- 꿈의 내용들이 선몽이나 명석몽이라기보다는 Catharsis(현실의 불만을 해소) 시키는 것들이다. 그 전날 있었던 일들을 모자이크 재편집해서 무의식적으로 Catharsis (불만 해소)시켜 준다.
- 꿈의 수준이 지금 내가 죽으면 남는 영혼의 수준이 될 듯싶다.
  살아서 참으로 깊이 공부할 일이다.
- 잠재의식에 강하게 인상지어진 내용들은 기회가 올 때마다 이야기를 엮는다. 이러하거늘 세세생생 불완전 연소되어 아뢰야식(장식)에 내장된 내용들이 어찌 쉽게 소멸되겠는가?
- 꿈은 거침없을 때가 많다. 체면이나 현실적인 능력에 구애받지 않아 두려움이 없다.
- quick quit
  → 요즘 기도 발원은 그 성취가 빠르게 진행된다.

〈부록〉

(영어로 번역하는 게 쉽지 않아 생략하였다.)

〈2부〉

시로 쓴 太空의 일대기

시와 에피소드로 엮은

자전적 이야기

(시를 영어로 번역하는 게 쉽지 않아 생략하였다.)

태몽

어머니께서
산을 오르고 계셨단다

갑자기
큰 호랑이가 나타나

산 아래
마을로 도망쳐 내려오셨단다

마을
어귀에서 힐끔 뒤돌아보니

산신령같이 생긴
노인이 되돌아 올라가고 있었단다

전생

3생 전엔
인도에서 궁중의 귀티 나는 여인이었네.

전전생엔
티베트에서 만다라도 그리고

바로 앞생엔
중국 산둥반도 인근에서

서해 건너
해동 대한민국을 보고 서 있었네.

죽장자를 든
수염이 긴 도인의 풍모로.

영적 소명을 지니고
서해 바다를 건너왔네.

이
뿌리의 나라

대한민국으로
한 생에 한 걸음씩 가까이 왔네.

도인의 발원

잔생에

멀리 시선을 던진 채 큰 바위 등지고
죽장자 오른손에 꽉 쥐고 서 있던 흰 수염의 도인이여!

석유등 바위 사이에 켜놓고
무슨 큰 서원을 하고 계시었습니까?

바다 건너
해동 땅에 맺힌 것이 있으셨습니까

아니면 그냥
가여운 중생 몇 구하러 오시었습니까

큰 스님의 암시와
도인의 먼 시선 속에서 찾아낸

이번 생의 소명은

영성을 밝히고
영혼이 자유로워지는

〈Soul Free System〉을

널리 전하는 것으로 마무리합니다.

생명을 기르고
진화시키는 텃밭을 일구며

멸진정삼매에
시스템을 깔고 나아가려 합니다.

아주 먼 기억

엄마
젖을 물고

버스가
물 위를 가고 있다.

아버지께 여쭙다.

이런
일이 있었는가?

아주 어린
내 나이 세 살 때

동네에
홍수가 나서

버스가
물 위로 가던 때가 있었노라고.

이게
가능한 일일까?

제 길 갈 줄 알았지요

돈과
명예에 매달리고 끌달려 다녀도

당신은
초연히 제 길 갈 줄 알았지요.

하늘이
노오랗게 화를 내고 용을 써도

당신은
모른 척하고 제 길 갈 줄 알았지요.

땅이
꺼지게 으름장을 놓고 공갈을 쳐도

당신은
흔들림 없이 제 길 갈 줄 알았지요.

식구들이
모두 어리둥절 갈팡질팡하여도

당신은
의연히 제 길 갈 줄 알았지요.

님의
침묵이 무엇을 가르치심인지

당신은
준비하고 제 길 갈 줄 알았지요.

당신은
벌써 익혀 제 길 갈 줄 알았지요.

글씨가 그게 뭐니

초등학교에서
처음 글을 배울 때

아버님께서
글씨 잘 쓰라고 하신 말씀이다

이때부터
글을 쓰려면 긴장이 되고

손에 힘이 들어가
글씨는 점점 엉망이 되었다.

연애편지 주소를 보고
네 편지가 배달된 게 신통하다 할 정도로…

나이
칠십이 넘어서야

글씨
제대로 돌아와

주위 사람들 놀라다

웬일로
이렇게 좋아졌냐고

한 번
박힌 옹이 풀리지 않듯

마음에
한 번 맺힌 응어리

또한
풀리기 쉽지 않네

동네싸움: 에피소드

어릴 적
우리는 아주 낭만적인 싸움을 하였다.

우리가 살던 동네가 아랫동네였고 긴 돌계단 위쪽 아이들이 윗동네 전사들이었다. 우리는 가끔 돌팔매질을 하면서 싸움을 벌였고 그럴 때면 으레 중간에 있는 집들의 장독들이 깨지고 동네 어른들 큰 소리가 이어지며 싸움은 소강상태로 들기 마련이다.

평시에도

자칫 서로 다른 동네 전사들에게 잡히면 아주 낭패스런 체벌을 가하는 것이 우리들끼리의 불문율이었다. 다름 아닌 무장해제였는데 잡히면 옷을 발가벗기고 자기 동네로 쫓겨가야 하는, 조그만 고추지만 남들 앞에서 부끄러워 쉽게 내놓을 수 없는 그 물건을 손으로 가리고 자기 집까지 맹렬하게 뛰어야 했다.

얼마나
낭만적인 싸움이었는가!

무적의 방패연

가는 대나무로 엮고
질긴 창호지로 붙여

크게 만든
방패연 양쪽에 긴 꼬리를 달다

정성스럽게
곱게곱게 빻은 사기가루를

몇번이고
찰밥에 짓이겨 섞어서

굵은 푸댓실에
실이 빳빳해질 정도로 여러 번 먹인다

전깃줄 하나 없는
바람 좋은 청계천에 나가면

먼저 나온 연들이
하늘 높이 떠서 웃고들 있다

내가
나가면 긴장들 한다

크기도
크고 잘 생긴 방패연

연줄이
가장 강하고 질긴 걸 알고들 있다

누구보다
높게 까맣게 띄우면

끊어
먹고 싶은 충동을 느끼게 마련

한두 연이
슬슬 다가와서 연줄을 걸고 쌩~ 얼른다

내 연은
그냥 웃고 있고

건 연은 끊어져
비실비실 힘 없이 허공에서 춤춘다

나는 웃으며

연줄을 한 번 힘껏 퉁긴다
연이 곤두박질하며 내려온다
다시 한번 힘껏 퉁긴다
쌩~하니 하늘 높이 다시 솟구쳐 오른다

오랫동안
내 방패연은 무적이었다

새까맣게
뜬 내 연을 보면

끊어내고 싶은
유혹들을 참기 어려워했다.

갖다 대면
그 연은 그날이 제삿날이었지.

그러던

어느 날 드디어 내 연이 끊기다.

청계천에서
왕십리까지 끊긴 연을 쫓아가며

억울하고 분해서
내 얼굴은 눈물범벅이 되었다.

어린 나이에

언젠가는
나를 이길 수 있는 놈이

나온다는 걸
내 어찌 알았겠는가?

딱지치기

어려서

구슬치기나
딱지치기를 하면 따는 편이었다.

반대로

동생들은 손에 쥐어주기만 하면
잃고들 들어왔다.

밑 빠진
독에 물 붓기라 생각한 후부터

아무도 모르게

동네 골목 으슥한 곳에
땅을 파고 감추어 놓았다.

어느날인가

몽땅 없어지기는 하였지만…
어느 동생 손에…

지금 와 돌이켜 보면

그때

딱지나 구슬을
따고 나누고 관리하던 일들이

이번 생

동생들과 인과를
미리 예행연습을 한 것 같은
생각이 든다

동생들은

평생 십원 동전
한 푼도 벌어 보지 않고

내가 번 걸로
살고 마무리했으니 말이다.

은행나무

어릴 적,

은행나무
앞에 서면 나는 아주 조그마해졌다.

노오란 은행알을 따고파
팔매질을 하면 중간도 채 못가 힘을 놓친다.

동네 형들이 쌩~하니

높이
아주 높이 던지면
그렇게 던지고파 글썽이곤 했다.

머리 좀
큰 후 다시 가 보니

어느새
아주 작아져 버린 은행나무
그때의 서운함이란…

우린 이렇게 큰다.

어제의
큰 것들 오늘은 작아져 있고
또 큰 것을 찾아내 다시 보면…
또 다시 작아져 있고…
또 찾고, 다시 잃고

우린 이렇게 산다.

내
당신 위해 은행나무 되리다
당신
나를 넘고 더 큰 나무 되시라.

그리고,

누군가
당신을 뛰어넘을 더 큰 나무를 기르시라.

우린 이렇게 간다.

이놈들 불알 떨어진다

얼엉굴이라는
먼 시골 동네로 피란을 갔었지

철없는 올망똘망한
또래 삼 형제가 뛰어놀던 곳

어느날
동네 가운데 큰 대추나무를 터는 날

우수수
떨어지는 대추 알들
서울 꼬마들에겐 굉장한 사건이었네

주머니마다

한 움큼씩 대추를 주워 넣더니

성에
차지를 않아
집으로
쪼르르 쫓아 들어가

그릇을
하나씩을 들고 나와 주워 담기 시작하네.

곰방대 물고
쪼그리고 앉아 계시던 할아버지 왈

"이놈들"
"불알 떨어진다, 허허허."

그때 그 노래

그래도
일선 최전방으로는 떨어지지 않고

후방의
공병단으로 배치되는 행운으로 시작되었다.

500원을
주면 여기 단 본부에서

편하게
있게 해 주겠다는 걸

주머니에
2000원이 있었는데도 없다 하다.

저 아래
말단 중대 최말단 소대로

신나게
미끄럼 타다.

이 중대가
생긴 이래 안경 낀 놈은

네가
처음이라는

힘없는
남정네들이 모인 부대다.

논산
훈련소로 출발할 때

정말
돈 없고 백 없는

대한의 남아가
받는 설움을 한 번 맛보겠다며

호기롭게
시작한 군생활이었다.

국도
포장에 동원되었던

우리 공병대는
골병대라는 별명이 있었다.

고정막사도 없이 이동하는
노무자나 다름 없는 생활이었으나

나는
맘먹고 나선 군생활이어선지

별로
불만 없이 지낼 수 있었다.

비
뿌리는 날이면

도로포장 공정 중
Rolling에는 안성맞춤이었다.

물을 뿌려가며 다져야 하는데
하늘이 뿌려주시니 이 얼마나 좋은가.

이런 날이면
우리 소대는 팬티가 젖어가며

장삽을 들고
모래 자갈을 고르고

Rolling 장비는
우리와 도로 기층을 다지며 함께 움직였다.

그 더운
여름에 작업을 하는데도
이가 부딪치며 덜덜 떨리곤 했지.

그때 우리
저절로 한 행동이 있었으니

다 같이 함께
큰 소리로 노래 부르는 것이었다.

물론

군가는 아니었고

시골에서 농사하며
힘들 때 부른다는 유행가였다.

"반짝~이는 별빛~ 아래
쏘근~쏘근~ 쏘근대던 그~날 밤…"

힘 드는 줄 모르고
우리는 작업을 계속할 수 있었다.

그때 그 당시

우리는 이렇게
군 생활을 하며 보탬이 되었었다.

나는 별로
불만 고생이라 생각하지 않았으나

늘 배고프고
허기졌던 기억이 새롭고

정말
배가 고프면

사람은

무슨 짓이라도 할 수 있는
동물과에 속한다는 걸 깨달았다.

그리고

한 개인의 의지가
집단의지 앞에서 얼마나 허약한가
쉽게 무너질 수 있는가도 절실히 느꼈다.

잠시 눈붙여
고단한 단잠 시간에

빳다 맞던
일상에서도 허리 다치지 않고

제대한 게
다행이라면 다행이었다.

그때
행패 부리던 고참병들이

아직도
눈에 선하다

왜들
그래야만 했을까?

지금 생각하면
가히 beast training이라 할 만했다.

난
단 한 대도

때려
보지 못하고 제대했네. ㅎㅎㅎ

그 후

카투사에서의 군 생활은
지옥에서 천당으로의 승천이었으니

새삼
말해 무엇하겠는가

the honor of the guard

카투사 군 복무 시절
보초근무 점검사열을 받으며

미군 병사들과

the honor of the guard
1등 자리를 놓고 어지간히 다퉜다

바짓줄은 칼날이 서고
구두는 파리가 낙상하게 반짝이고
총신 총구 개머리판은 눈이 부시고

묻는 말에 얼차려는 기본
정신 번쩍 드는 절도 있는 동작

나도 1등을 자주 따는
명예로운 몇 명 병사 중 한 사람이었지

OK~ Let's go out!

WHO 기금으로
네덜란드 델프트공대 MBA 과정 중

아프리카에서 온
덩치 큰 흑인 학생의 무례

자기가
잘 못하고도 사과를 하기는커녕

"You wanna fight me"
"너 나와 싸울래."

"OK~ Let's go out!"
"그래~ 밖으로 나가자."

내 이 한 마디 반격에
그는 그 자리에 털썩 주저앉았다.

머리 끝까지 화가 난 나는
얼굴이 시뻘게져서 앞뒤 생각 없이
내뱉은 말이었다.

코리아라는
작은 나라에서 온 키 작은 학생이
장대 키 흑인 학생에게 맞장을 뜨자 했으니 좀 엉뚱하긴 했다.

다른 나라에서
온 학생들 모두 놀라다.

아마도

그 학생은
나를 태권도 선수로 착각했던 모양이다.

반세기 전

이 나라 대한민국의
국위선양은 오롯이 태권도 몫이었다.

맏이의 변

그는
할 말이 많았다.

그러나
나까지 잘못되면

식구들
길거리에 나앉는다는 강박에

말없이
세상을 깔고 앉아 버텼다.

마침내

한 가정을 망치고
끝까지 그 원인 제공을 한

한 맺힌 영혼도
하늘나라로 풀어 보냈다.

3, 4차원이
하나로 어우러져 돌아가며

진화함을 깨달았네.

치는 주먹 막는 손

고려가방 시절
전국을 누비며 Car-Sale을 한동안 했다.

원주를
다녀오는 날

수학여행
학생들을 태우고 오는 관광버스가

S-커브 내리막
언덕길을 달려 중앙차선을 넘으며

올라가는

우리 차 옆구리를 훑고 지나가다

달려
내려오는 버스를 보는 순간

나를 향해
내지르는 주먹이 코앞에 왔을 때

오른쪽에서
손바닥이 쓱 나오며

이
주먹을 막아 주었다.

우리 차의 옆구리가
거의 1/3 정도 부서졌는데

나나
운전자는 하나도 다치지 않았다.

내지르는
주먹과 막는 손.

그날
나를 데려가려 했던 검은 기운을

아직은
살려 두려 한 밝은 기운이 이겨

막아
주었다고 믿고 있다.

현상계와
영성계는 맞물려

하나로
돌아가고 있다고 읽힌다.

호시탐탐

나를
그르치게 하려는 기운과
잘 되게 하려는 기운의 다툼에서

평소

내가 마음을
어떻게 쓰느냐에 따라 달라질 것이다.

그날은 다행히
나를 보호하는 기운이 승리했지만.

돈통을 깨다

가방장사 20여 년
돈통 지키기 20여 년

빚 다 가리고
여린 동생들과 집 한 칸씩

돈통을 비키자니
직원들 도둑 만들겠고

돈통을 지키자니
평생 돈 지키는 개 되겠고

에에~라 깨라
D-day 정하고 돈통을 깨다.

대물림 가방장사
자랑스런 역사를 지우다.

아니
왜 그 잘 되는 장사를…

그에게는

영성을 밝히고
영혼을 자유롭게 하는

〈Soul Free System〉을 마무리하라는…
영적 소명이 기다리고 있었네.

아 모진 영가여

영가靈駕여!

그리도
모질게 몇 생을 두고 두고

쫓아다니며
괴롭힌다고 무엇이 달라졌는가

서로
괴로움 깊어지고

서로
상처만 더 커지지 않았는가

이제는

풀어 버리시게

이제는
그만 하시고 용서하시게

그대가 편해져야
여기가 극락정토 된다오

우주가 편해진다오.

저승사자: 에피소드

고려가방 뒤 2층에
마이아미라는 다방이 있었네

여인 3대가 사는
할머니 양 마담 그 어린 막내딸

물장사로
양 마담의 신기를 다스리려고

다방을 열었다 하네

남자깨나
잡아먹게 생겼다고들 하는데

뒷말 하나 없이
조신하게 딸들을 키우고 있었네

나는
양 사장이라 불렀지.

어느 날 새벽 꿈에
할머니가 고려가방 젊은 사장을 데려가겠다는 저승사자를
손사래 쳐 돌려보냈다 하네, 그런 사람 없노라고.

양 사장 주선으로
산기도를 올려 7년째 암으로 병원에 누워 계신 아버님의 앞을 막고 있다는
여인의 하늘길을 열어드렸다 하네.

그날 밤
예쁜 색의 한복을 곱게 차려입은 여인이 여러 조상님들을 모시고
얼굴 가득히 웃으며 고마워하는 모습이 비쳤다 하네.

인연인연
고리고리가 얼기설기 엉켜도

선연은
선연으로 서로를 순하게들 풀어가네.

눈맞춤

열린
눈맞춤 초롱 초롱 초롱

보석처럼
아름다운 반짝임

잠깐
열린 시선 속

영성의 흔들림

맑고
깨끗한 네 모습

안의
방울방울 무지갯빛은

밖으로
피어나는 꽃잔치 되어

그대의
영혼 날개를 단다

높이… 더 높이…

삼림욕

당신도
누워 하늘을 봐

파아란 하늘에
초록색 잎새들 총총총 박히고

사이
사이 흰 구름 뜬다

게으른 닭
맥없이 대낮에 꼬끼오~ 하고

까치
까악까악 실없이 짖는다

커피 끓이고
과일 몇 개 김밥 싸 들고

어린이

대공원으로 몰다

모처럼
삼림욕장의 한가로움

제멋에
겨운 동물들 동심을 부르고

못 위에
조용히 오른 연꽃 마음

사위
고요한 숲속 길을 걸으며

정감 있는 눈빛
따스한 손에 체온 담고

머리
앉히고 가슴에 가슴 이어

하나로
넘어가는 우리

멋진 식탐

사각 식탁 위에
원형 식판이 깔리고
4색 꽃무늬 천을 예쁘게 깔다.
숟가락 젓가락 네 세트가 가지런하다.
여러 가지 음식이 서로 색깔을 뽐내며
향과 김이 오르고 맛깔스럽다.

술잔을 채우고

네 손과 소매가 모여
네 잔이 살짝 부딪치며
챙~하니 맑은 소리 사방으로 퍼진다.

하하허허호호
웃음꽃이 화알짝 피며

즐겁고
행복한 기운이 주위를 가득 채우네.

노을 귀가

한강 변에
펼쳐지는 오후 저녁노을

넉넉함과
포근함에 젖는

귀가의 행복 속에
밟는 페달이 가볍고 경쾌하다.

하루의 나른함이
편안한 피로감과 함께한다.

오늘 하루를
감사하는 기도로 보낸다.

한강.

서울을
흐르는 엄마의 젖줄이다.

암

우리 부부

수술이
필요 없을 정도로

순하다는
갑상선암과 전립선암

통과의례로
거치고

오래오래
노년을 함께하리라

발톱깎기

열 개 발가락이
신발 속에서 오래오래 견디며

그 속에서

나름대로 잘 살아보겠다고

열 형제가
따로따로 뒤틀리고 두꺼워지고

생김새도
각자 요상하게 변했구나.

집사람
발톱 깎아 준다고

눈여겨
자세히 들여다보니

여기
신발 밑바닥에서도

오랜 세월

생존을 위한
투쟁의 흔적들이 제대로 남아 있네.

노부부

먼지가
솜털 위에 내려앉는

소리가
들릴 정도로

귀
밝은 사람이

한쪽
눈은 실명에 가까우니

얼마나
답답할까

천리안
밝은 눈으로

주위는
온통 맑고 뚜렷한데

가는 귀먹어
보청기도 모자라니

그
또한

얼마나
답답할까

이 부부
손잡고 다니니

눈 밝고
귀 밝아 세상이 온전하네.

이제는 친구가 되자

살 맞대고 살기 벌써 반세기
이제는 친구가 되자

젊어서는 시간이 모자랐네
이제는 친구가 되자

싸우면 쉽게 풀리지 않네
이제는 친구가 되자

자칫하면 원수로 헤어지네
이제는 친구가 되자

원수로 헤어지면 원수로 다시 만난다네
이제는 친구가 되자

서로 등 긁어주며 쉬어가는
이제는 친구가 되자

큰 공부 마음공부 함께하는
이제는 친구가 되자

우리 손주들

어려서는
내가 무동 태워 놀더니

이제는
내가 무동을 타게 컸구나.

어려서는
내가 큰 사람이라고 생각하더니

이제는
내가 작아져도 부족함이 없구나.

어려서는
내가 가르치는 즐거움이 있더니

이제는
내가 배우는 즐거움이 더 크구나.

어려서는
내가 어른이었는데

이제는
내가 어린애가 되어가는구나.

세월이

나와
우리 손주를 뒤바꿔 놓고 있네.

잠시 깜빡하는데

점심 먹고

잠시
깜박하는 순간

돌아가신
어머니께서

오른쪽
벽을 뚫고

내 앞을 확 지나

왼쪽
벽으로 사라지다.

평소에도
늘 욕심이 좀 과한 편이셨다.

혹시나 며칠 후
당신 제삿날을 잊지나 않을까

걱정돼

챙기시는 듯하다.

공연히
왔다갔다 하지 마시고

공부
인연 찾아

다음 생엔
보살도를 이루시라고

나무라듯
일깨워 드리다.

합장

언제
어디서

누구에게나

절대
긍정의 마음으로

연꽃 자세
합장 축원하다!

만일결사

2008년
1월 1일 시작한 만일기도 발원이

어느덧
제5차 천일 제8차 백일기도 중이다

내가
이 땅에 온 이유를 찾기 시작

하루하루 기도하며
차츰 윤곽이 잡히며 나갔다.

만일을
천일씩 쪼개

한 곳으로 올곧게 흐르고

천일을

백일씩 쪼개

한 곳으로 올곧게 흐르고

백일을
하루씩 쪼개

한 곳으로 올곧게 흐르면

마음
결에 골이 패여

그 골로
쌓이는 내공이 흘러흘러 들어가

마침내
그곳이 그곳이 결사의 끝점이라.

그 끝점

영성을 밝히고
영혼을 자유롭게 하는

〈Soul Free System〉 개발
널리 전하는 일이다

太空이라 하다

상해에서
서울로 오는 비행기 안에서

太虛라는
두 글자가 미간에 크게 떴습니다

이게
무슨 조화지? 무슨 뜻이지?

앞생의
도인 풍모 우연이 아니었네.

太虛
道家도가의 끝점이라 하네

이번
생에는 태공太空이라 하다

그에게

이 우주는
휘적거리며 걸을 만한 운동장이었고
한 세상 놀이터였다.

詩가 흐르는 풍경

모처럼 비 온 뒤
하늘 산 모두 파란 날
물소리 따라 북한산 계곡을 훑어 올랐네

이만 보의
걸음에는 뿌듯함이 배고

배낭 속
술 과자 과일 음식 함께 쏟아 놓으니
육회까지 넉넉히 마련했네

금강산도 식후경
네 것 내 것 따로 없이
왁자지껄 화동 언덕이구나

오늘 같은 날
사진기도 안 가져 왔냐
멍청한 놈… 공연히 큰소리친다

추운 물 속에 텀벙…
아직도 이팔청춘인 무대뽀도 있네
아래 물건 들춰보니
아이구 완전히 번데기가 되어 버렸구나

낄낄낄… 와 하하하…

아랫마을 음식점에서
김삿갓과 황진이 벽계수를 읊으며
소주마다 맛을 보니
만 원 내고 먹는 점심 염치도 좋다

오는 걸음 표정마다
뭐 하나 빠진 것 없이 흐뭇하구나
역시 친구는 누가 뭐래도 오팔이들이로세

– 친구들과 북한산 산행을 하고 와서 –

세 번 크게 화를 내다

〈하나〉
공직생활을 할 때
직속 상사가 별 특별한 하자 없는 결재서류를 세 번씩 비토하다.
상사의 책상 뒤엎고 그는 의자와 같이 뒤로 자빠지다.

〈둘〉
네덜란드에서
WHO 기금으로 MBA 공부를 할 때
아프리카에서 온 무지하게 덩치가 큰 흑인 학생이

내 자리를 밀고 시치미를 떼고 앉다
맛짱 뜨자 하니 그 자리에 주저앉아 항복하다

〈셋〉
잘 나가던
우리 집안을 풍비박산 낸 영혼에게 정말로 화가 난 적이 있다.
이 영가 천도하고 마무리하다.

romance gray Challenger

반백의
머리 은백이 되어도

그는 멈추질 않네.

은백에
어울리는 청춘이 남았다고

그는 멈추질 않네.

가슴 뛰는
열정의 불꽃이 남았노라고

그는 멈추질 않네.

영성을
맑히고 영혼이 자유로워지는

〈Soul Free System〉

이제
막 오르는 싹을 보았노라고

아직
숙성의 시간이 남았다고

그는 멈추질 않네.

부처의 심장

바로 그 자리
살아 숨 쉬는 허공 속

깊이 감추어진
부처의 뜨거운 심장을

내 꺼내 쓰리라.

인연법에 맞추어
중생제도하려는 큰 자비심

스승 움직이고
무문관 깨쳐 지혜에 즉卽하는 발심

나 움직였네.

통기타를 만들 만한
통나무가 예 있으니 집에 갖다 쓰리라

본래의 물건으로
만인의 심금을 울리는 묘음 전하리라.

바이올린을 켜는 여인

매혹적이고
아름다운 눈매

얼굴
윤곽이 또렷한

클래식한
바이올린과 현을 안고

바이올린
특유의 고음을 연주하는

우주
저 끝 어디선가

바이올린을 켜는
여인의 시선이 느껴지곤 한다

아마도
이번 생의 시와 그림으로 내린 듯

시와 그림

순간
순간 스쳐 지나가는

글과
그림을 잡아

쓰고
그리다.

이를
모아 책으로 묶다.

사회적
시스템에 맞춰

이름과
값을 매기긴 했지만

저
위에서

나를
통해 전달된

이 시와
이 그림들을

내 것이라
고집할 수 있겠는가?

하늘의
선물입니다

그저
고마울 뿐입니다.

인사동 전시회

집사람

일주일을
인사동 전시장으로

그림 전시장으로
아침 일찍 함께 나섰지요

고단하다
고단하다 하면서도 행복해 했지요

음악이 흐르고
좋은 그림이 있고

즐겨
보아주는 사람들이 있고

이

잠깐의 외도가

기대보다
크게 불거졌습니다.

동심원을
크게 그려 나갔습니다.

머얼리까지

두 번의 시화집

20여 년
터울을 두고 발간한 두 번의 시화집.

저 먼
과거의 인연부터

저 먼
미래의 인연까지

징검다리
역할을 하네.

이차
인연 공덕으로

자타
일시 성불도에 보탬되리라.

太空의 시공양詩供養

영성을 맑히고
영혼을 자유롭게 하는

〈Soul Free System〉을 전하는
하나의 방편

시詩로
주변의 영성 영혼을 맑히는…

시공양詩供養을
시작하니

이 아니
감사하고 축복할 일 아닌가

하늘의 식사 한 판 대접하다

영가들이
빙 둘러서서

나에게
밥을 내라 하기에

몇 명이냐
물으니 100명이란다

그럼
200그릇을 놓으라 하다

그릇을 쭉 놓으니
하늘에서 색깔 있는 멋진 식사가 내려와
그릇들을 채우다

차원계의

함께
공부하고

서로
도우며

영격
up-grade하는 존재들에게

하늘의
식사 한 판 대접하다.

단전호흡

– 쿤달리니 깨어나다

가부좌 틀고
단전에 숨이 모이고

미려에서
옥침을 뚫고 백회로 치고 오르니

온몸이
진동으로 뜨겁게 깨어나네

막혔던
기도 뚫리고 임독맥이 살아나네

맑고
밝고 투명한

공활空活한
경계의 단추를 열었네.

화두 풀다

조용한
희열감 속

몸
스르륵 사라지고

한
생각마저 없어져

맑고
밝고 투명한 빛이 되다

빛만 남다.

졸업 그 후 60년

아~주
넓어만 보이던

이제는
아~주 작아져 버린

화동의
그 운동장에서

뛰놀던
어린 학동들이

어느덧
팔순 노익장들이 되어

졸업
환갑잔치를 한단다.

세상은
좁고 할 일은 이것뿐이냐고

기염을
토하며 달리던 맹수들이

이제는
이빨 빠진 호랑이들이 되었구나.

人生無常이라

一陰一陽
有無相生의
이치가 궁금해지고

本無自性의
이치를 깨우칠 때가 되었네.

Soul Free System

이성적으로는

이론적이고
과학적으로 설명하고

감성적으로는

시詩로써
스토리와 감성에 호소하며

실천사례는

사고실험으로
생활하는 가운데 결과치를 내놓아

영성을 맑히고
영혼이 자유로워지는

〈Soul Free System!〉

벗의 임종

요양원에 있는
친구가 몇 달째 의식 없이 누워 있단다

그의 처
와서 손 한 번 잡아달란다

바싹 마른 친구는
흰 침대 위에 하얗게 누워 있었다

누가 오는지
가는지 아무 의식 없이…

친구의
귀에 대고 큰 소리로 이야기했다

내 말이
들리면 눈을 깜빡깜빡하라고…

그는 눈을 깜빡거렸고
나는 내 이야기를 시작했다

이제
죽음이 너를 찾아올지도 모른다
누구에게나 언젠가는 오듯이…

흰 빛이
오면 마중 온 것이니 겁내지 말고
좇아가라

부모님이나
아는 사람이 오면 인도하는 대로
좇아가라 등 등…

며칠 후

새벽에
벚꽃이 만발하는 풍경 뜨다

친구가
떠난 시간이었다.

나의 임종

뜻한 바
원만하게 다 마무리하고

확연히
깨어서 알아차리며

편안하고
가볍게 건너가다.

천지개벽

달구지가
다니던 농로에

승용차가

쌩하니 고속도로 깔리고

100불
남짓 인생들이

4만 불이
낼 모래란다

오손도손
초가삼간 정겹더니

초고층
빌딩 스카이라인이 멋지다

Hello
초코 하나 땡큐하더니

아프리카로
오지로 세계 구석구석 손길 뻗친다

코 찔찔
작은 키 촌스런 표정 몸짓들이

쭈쭈빵빵
세련되고 서양애들 빰친다

돈이면 다냐고
부리던 기개 온데 간데 없어지고

돈이 하늘이 돼
온천지가 먹거리 볼거리로 꽉 찼다

부모형제
서로 보듬고 다독이던 정감이

내 새끼
내 새끼만 하늘이 되었네

막걸리
한 잔에 우정어린 시절이

와인잔에
서로 경쟁 뒷목이 뻐근하다

너희가 자동차를 만들면
내 손에 장을 지진다 손가락질 당하던 민족이

반도체
자동차 조선 방산 AI 등 강국이 되었네

저 꼴찌
대한민국이

이제는
내로라하는 10등 안에 들어섰네

우리끼리
부르던 아리랑이

세계인의
놀이 K-culture가 되었네

대통령이
외국 나가 구걸하던 나라가

다른 나라
돕겠다고 비행기를 띄우네

하늘이시여

우리가
언제부터 이리 잘 살게 되었습니까

우리나라가
언제 이리 천지개벽을 하였습니까

우리
대한민국이

이제

세계를
바르게 이끌어 갈 준비를 하고 있습니까

인생찬탄人生讚歎

영겁에 잠겨 있는
이 우주의 긴 시간 속에서

찰나에
즉卽하는

만남은
우연이라 할 수 없습니다.

백두대간의
골격이 뻗어내리는

이 대한민국에서 만난
세월이 짧지 않습니다.

그 발자취를 짚어봅니다.

*　　*　　*

이번
생에 인연 지어져

따뜻한
마음으로 지난 세월이

변화
무쌍하게 흘러간 세월이

벌써
몇십 년이 지났네.

이 작은
지구라는 푸른 행성에서의

우주여행이

깜빡할 사이
벌써 몇십 년이 지나갔네.

*　　*　　*

부모
형제 살갑고

인연들을
소중히 여기며

토끼 같은
새끼들 알콩달콩 키우며

높은
꿈을 그리고

소중한
자존감을 지켜가며

한편

회한도
좀 남긴 듯하네.

*　*　*

우리 세대는

법률
공학적 시선의 높이로

세상을
보아 오면서

다음 세대는

문화
인문적 시선의 높이로

세상을
더 높고 넓게 보도록 up-grade 시켜

K-Culture!
세상이 떠들썩하네.

우리들
시선도 한 차원 높아져야

다음
세대와 말이 통하고

한 번 더
사회에 보탬이 될 수도 있는

멋스런
노후가 될 듯싶네.

*　*　*

손주 사랑이

아직은 애틋하나

그마저
점점 품에서 멀어져 가고

이제는
길지 않은 시간을

귀하게
아껴 쓸 일만 남았네.

* * *

지난 시간의
아름다웠던 추억들이

더더욱
돋보이고 빛을 발하고

이제
마지막으로 이사 갈 때

사랑하는 사람들
돈 명예 Power 병과 고통까지도

별 미련 없이

놓고 갈 준비가 되어가네!

* * *

맑은
공기 밝은 햇살

투명한
영성으로 충전 재충전하며

천천히 호흡하며
슬로우 슬로우 슬기롭게…

빛나는
시간을 즐기며 보내네.

天 地 人

Purifying your spirituality and freeing your soul.

Soul Free System

Coming to enlightenment
Buddha System

- English translation -

현 정 Jung Hyun

Introduction

The existence of life is inherently transparent light.

Light appears to be both spiritual and physical.

Visible light is a physical entity.

The invisible energy field of light may be a spiritual entity.

This transparent light has individuality and is limited to its own light.

Returning to transparent light is returning to the original self.

The physical space where the invisible healthy energy field of various colors of light operates was named the 〈Soul Free System〉.

Creating such a spiritual space will not be easy with current technology.

It is known that imaging technology to capture a person's aura is possible, but technology to capture the soul is still lacking.

However

science and technology are advancing at a rapid pace day by day.

It is expected that this issue will be resolved soon.

Many people, including teenagers are suffering from mental illnesses such as depression, suicidal thoughts, and possession.

Monks, pastors, priests, shamans, exorcists, etc. are doing these things, but they cannot properly prove the results.

I plan to proceed with this work scientifically.
If interested people continue to research and develop this idea and the 〈Soul Free System〉 is completed and spiritual wounds can be healed, nothing would be better.

By using this 〈System〉, many people, especially teenagers,
they will be able to escape from depression, suicidal impulses, mental illness, possession, etc.

Furthermore,
without having to practice for a long time,
The day will come when we open the path to
Buddha's enlightenment through the 〈Buddha System〉.

〈Soul Free System〉
It is a mechanism that provides psychological, mental, and spiritual healing.
〈Buddha System〉
It is a mechanism that leads to enlightenment.

What I pursue
the final destination of 〈Soul Free System〉 is not to become a Buddha through personal efforts.
It is the Buddha System, a spiritual system that opens the path to Buddha's enlightenment.

Our human evolution
if we assume that it will end when we all become Buddha,
this 〈system〉 may shorten that period.

This book
understand it as a 〈research report〉 that provides a physical clue to spirituality.
Including English-speaking countries
I hope that someone will continue this research.

태공太空 현 정

Taegong Jung Hyun

(태공太空 Taegong is author's Buddhist name.)

(태공太空 Taegong means living, infinite space.)

현 정

healing of light

-Healing of invisible light-

Light is a spiritual and physical being.
Although it is invisible to the eye,
this is a field of healing
using the power of the energy field of each light
without losing the original function of various colors of light.

Transparent energy field

clearly purifies all dimensions

White energy field

Cleanse away impurities from the spiritual world

Golden Energy Field

Nurtures and Evolves Life

天 地 人

〈Part 1〉

〈Soul Free System〉

〈Soul Free System〉 Research Institute

-Invisible Light Therapy-

Light is a spiritual and physical being.
Although it is invisible to the eye
we study healing methods
using the energy fields of each light
without losing the original functions of various colors of light.

-System space-

* Schumann resonance is always maintained
* A space to upgrade spirituality
* A mechanical device that monitors spiritual changes

Used as a spiritual healing center
- Personal mentoring
- Cafe atmosphere
- shelter

Research Report

Ideology

- with justification
- The goal is clear
- Contributing to society... a new paradigm!
- It is an intellectual business.
- It is an education business.
- Benefiting people
  A place where people meet

* location; -----

atmosphere; Book cafe type

(Opening the mind... relaxing...)

interior; Ceiling - transparent blue

Left-white

Right - golden

Front view - yellow tone

(white butterfly and youth painting)

Door side - purple

Fixtures; Desk, round table, 7 chairs, Note book, printer, audio system, Book holder, coffee set, water purifier, refrigerator, lighting, etc.

Business Registration

〈Soul Free System〉 Business Card

* Maintain the office at Schumann resonance of 7.83Hz.
* Cafe atmosphere where you can have comfortable conversations
  〈Soul Free System〉 Basic theories are summarized.

* Completes research on 〈Soul Free System〉, the Master Chamber, and the Super Ball.

target

- Eliminates possession and sets both souls free.
- Heals psychological and mental illnesses such as depression.
- Lower the suicide rate.
- After spiritual healing is completed
  I-Search Program, psychological counseling techniques, etc.
  helps him the client a normal life.

* It physically purifies the mind
  where the body (material) and the soul (immaterial) meet,
  purifies spirituality, and frees the soul.

* What is the source and root of the (super) power that enlightened people exude?
  Where is it? How to use it systematically?

* How can we choose, focus, and pray so that
  spontaneous emergence can occur beyond the critical point?

* 〈Buddha System〉 that can lead to enlightenment
  Can we create physical space?

* Can the boundaries of the true self be physically revealed?

* Can the spiritual energy of the soul be physically revealed?

Action ideas

- 〈Soul Free System〉:

  〈Invisible〉

  1st (transparent) Chamber, 2nd (white) Chamber, 3rd (gold) Chamber

  A space with a device that purifies spirituality and frees the soul through the energy flowing through each field.

- the Master Chamber;

  A real space where the 1st, 2nd, and 3rd energies of 〈Soul Free System〉 are physically integrated.

  A (virtual) space where the Master achieves remote healing.

  Healing in the Master Chamber.

- the Super Ball;

  A realistic and powerful finishing system for spiritual healing.

- Open your luck and make a wish:

  How to pray to make your wishes come true.

* I-Search Program

After treatment

It ends by leading people to realize why this pain occurred and preventing recurrence.

* 〈Soul Free System〉

〈Invisible〉 Healing through the power of physical action of transparent, white, and golden colors.

Prayer wishes can be used as an auxiliary purpose.

* The 〈Golden Energy Field〉 acts as a force that creates the origin of the real world (3rd dimension).
The 〈White energy field〉 cleanses the impure and turbid energy of the spiritual world (4th dimension).
The 〈Transparent energy field〉 has the effect of clearly purifying all energy in the 3rd and 4th dimensions.

* If a transparent energy field is more difficult than creating a white or golden energy field,
First, you may want to try healing treatments in the spiritual world and the real world using white energy fields and golden energy fields.

Reasons to develop <Soul Free System>

- To the counselor

  Healing is possible for anyone without spiritual risk.
- Counselor's

  Healing is possible regardless of spiritual healing ability.
- The counselor

  There is absolutely no spiritual damage that can be suffered. (Because it is a mechanical and physical healing process.)
- To the client

  He can proceed without any psychological burden.
- To the client

  It is possible to heal even the roots of turbid souls that may continue to rise depending on the spiritual state of the client in charge.
- The client

  There is a sense of relaxation that heals him without him being conscious of it.
- The client

  There is little (no) economic burden.

* Allow the 7.83Hz frequency of Schumann resonance to flow in the counseling room.
* Utilize healing chambers for each function within an appropriate range and let it heal smoothly.

<Reference>

Copy and transfer the brain energy field of a mentally healthy person, It may be possible to heal.

Motivation for developing 〈Soul Free System〉

- Those who use spiritual healing abilities!
  Why sell this ability so expensive?
  It's not a personal invention or property.

- I had the opportunity to experience it up close and personal.
  Especially, if a man is deeply hurt spiritually at a young age, he will suffer for the rest of his life.

- I developed a sense of calling to solve the problem in a rational and scientific way, not based on personal ability, but in a systematic way.

Eligibility for Study Group participation

- Think of beings (souls) in the spiritual world as one life.
  A person who can feel deep compassion and affection for two lives, possessing life and possessed life
- A person with spiritual (healing) experience.
- A person who feels a sense of duty in developing this system.
- A person who may not think of it as making money.
- A person who can work together until ordinary people can understand and accept this system rationally and scientifically
- Even if you are a believer, an open person who are not confined by the religion you believe in.
- A person who sympathizes with deriving 〈How To〉 through collective intelligence.
- People who may not claim their contribution economically.
- A person who can recognize all processes as group achievements rather than individual ones.
- Anyone who has no objection to making 〈Soul Free System〉 open source for anyone to use

* Study Group

First, start with 3 people, increase to 5 people, and consider 7 people as completion.

* Band and Blog

Blockchain AI etc. should also be utilized.

Topics discussed with the other person when talking about 〈Soul Free System〉

- Have you ever had a spiritual (healing) experience?

- Do you believe that a person with a high level of spirituality can bring about change in the souls of others through spiritual power?

- Then
  this spiritual change
  do you think it can be proven scientifically and rationally?

- What do you think is the way to properly open the path to spirituality and check whether the soul has properly gone to heaven?

- Spiritual healing by monks, pastors, priests, shamans, exorcists, etc.
  Do you agree that we need to know if we got it right?

〈Soul Free System〉 Counseling Principles

- This is a consultation for 〈Soul Free System〉 experience cases.
- Only the relationships that come to visit are healed.
- Do this only when there is a positive response.
- If the client does not work together, we'll stop.
- In principle, general psychological counseling is provided.
- If a problem is discovered, it will continue to be resolved.
- Stop if the negative message feels strong, heavy, or overwhelming.
- The financial burden should be aligned with the client and the burden should be as small as possible.

I-Search Program

(This process prevents recurrence.)

- After healing with 〈Soul Free System〉
  A finishing process that allows me to be myself.
- Organized into 〈Psychological Counseling Therapy+Teachings of Saints, etc.〉.
- You can also use the Super Ball technique.
- If possible, help them explore the boundaries of self-enlightenment through mind study.

* Things you dislike and fear
Understand that denial has a strong effect on the unconscious.

This fear
Let it be released with gratitude and love.

Several counseling techniques can be used.

Use of thought experiments

Applied to ⟨Soul Free System⟩

⟨Soul Free System⟩

Although we cannot create a physical space to experiment, Incubation Chamber, White Chamber, Gold Chamber, the Powerful Master Chamber, and the Super Ball operate in an imaginary space.

Observe changes in reality through thought experiments.

Prayer and Mind Map can also be seen as uses of thought experiments.

Research topic

- What are the physical and chemical steps before appearing as light to our eyes?
- The effect of light on the soul
- Resolving possession, resolving resentment, soul system
- Relieve depression and suicidal impulses
- Increase spiritual mass and upgrade the status of the soul
- Resolving spiritual and psychological conflicts and healing spiritual wounds
- Remote healing treatment using virtual space based on thought experiment

Things to explore

- Are there separate energy fields or quantum fields for each color?
- Is it possible to heal a non-mental state with invisible transparent (energy field) white (energy field) or golden light (energy field)?
- What are the physical and chemical stages before appearing as light or color to our eyes?
- Is it possible to physically approach the boundary where the human world (real world: material world) and the spiritual world (immaterial world) meet?
- Is it possible to access the invisible... quantum mechanical... wave... approach of visible (color) light?
  → Quantum mechanical (wave) interpretation of transparent, white and gold?
- Can quantum fields bring about changes in spirituality?
- Does every color or hue have an aura (energy field) with unique and completely differentiated characteristics?
- Is there a possibility that quantum fields of various colors, such as transparent white and gold, collide with each other when mixed?
- Can the place of enlightenment be said to be physically a place in a quantum vacuum?
- Is it possible to physically approach and identify the boundaries of enlightenment?
- Using the hints of Schumann resonance, you will be able to complete 〈Soul Free System〉 by creating a flow of a field that is much superior to the field of Schumann resonance.
- Creating a healthy epigenome (environment).
- Transform 〈Soul Free System〉 into Blockchain.

Devices that must be developed using cutting-edge science

- Development of energy field measuring instrument for each color of light.
- A device that emits energy fields of various colors (Invisible -transparent white gold- light generator)
- Spiritual development device
- Spiritual Change Meter
- 7.83 Hz Schumann Resonance Generator
- Physical measurement method of the connection point between material and non-material things
- A device that can physically measure the state of enlightenment

Introduction to related mechanical devices that have already been developed

〈Quoted from Professor Gil-Jeon Kang's YouTube quantum medicine lecture〉

- Life Electric Life Electric and Magnetic Field Meter
- Kirlian's camera
- 'Biological photon' measuring device at Tohoku University in Japan
- Aura photography

  Created by Inneractive Enterprises, an American company.

  Aura Video Station

  Win Aura machine from the American company Progen
- lane; Superquantum generator
- Konstantin Korotokov, Russia

  gas discharge visualization (GDV)

  Device for imaging energy fields

  Gas discharge visualization device, aura measurement
- Tiller's HRD

  A special electronic device that can contain a person's heart
- Intention storage electronic device- Electronic chip that stores the mind
- Mind → Energy → Electron or photon
- Argon plasma; Low-temperature plasma generator
- Biofeedback

  When you reach a meditative state, or alpha wave state,

  An electronic device that makes a beeping sound

When you reach a meditative state, or theta wave state,

An electronic device that makes a beeping sound

- mind mirror
- Electronic Ear
- Water drop laser

  Vaporization of water using plasma is used to treat cavities
- Heartmats Research Institute;

  A device that measures 'human emotions'
- Mind Switch; machine that transmits hearts
- Neurophone; device that listens through the skin
- Polycontrast Interference Photography (PIP);

  A device that can capture souls

  Multilayer contrast interferography, stress diagnosis
- A device capable of imaging complex contrast interference
- Phase aurameter
- Resonant energy field imaging
- Hunt Orameta
- EIS; electronic epilepsy scan device
- BICOM (Biological COM-PUTER)
- Quantum Magnetic Resonance Analyzer
- AlphaStim; Microcurrent therapy device
- CES; Anxiety Depression and Insomnia (Electrical Stimulation Therapy)
- SCENAR; Self-regulating energy neural feedback device
- HRV (Heart Rate Viability); stress diagnosis
- HRV tools; Uvio Pulse Wave

- Hair Mineral Analysis; hair mineral test
- Like a fan; oscillating weight
- VIBE machine; -Biocharger, PAPIMI, -PEMP
- Rafe machine;
  plasma wave generator+frequency generator
- Priore machine
- Biotron; by Jjankanzen of Russia
- REG (random event generator); random number generator
- ASCID; Device for inducing altered state of consciousness
  Houston training instructor was designed in the early 1970s, but discontinued due to side effects.

Log contents

- Daily routine
- Visitor
- hour
- Conversation content
- environment
- consensus
- conclusion

* Questionnaire

Write and organize a journal

Daily → Weekly → Monthly → Quarterly → Yearly

Organize journal and bind it into a book

1 year → 3 years → 7 years → 10 years → 15 years

Healing method

● 1st System

〈Individual Solution〉

● 2nd System

〈Solution for possession〉

● 3rd System

〈the Master Solution〉

* the Master Chamber

〈Remote healing is also possible through the Master's thought experiment〉

* Remote healing of the Master by the Super Ball

Fundamental principle

⟨Invisible⟩ energy field

Transparency ┐
white │ The energy field of light by color
golden ┘

flowing in a certain space
to purify and heal the spirituality of the soul.

- ⟨Soul Free System⟩ is the invisible ⟨healing method of light⟩
- ⟨Soul Free System⟩ is a mechanism that heals through the action of colored energy fields (transparent white and golden).
- Purifies the soul and upgrades it.

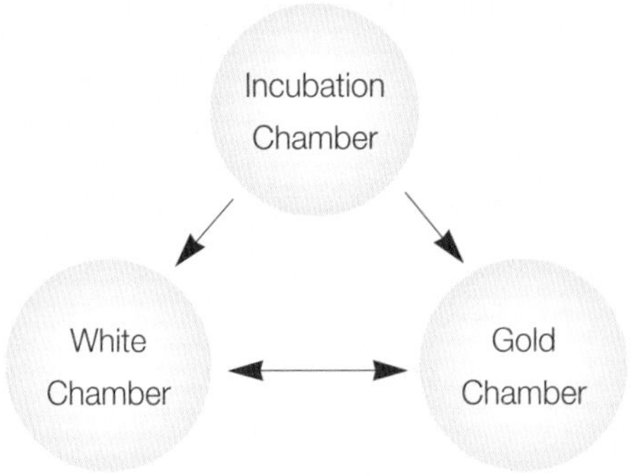

＊ Photographing color changes in Soul Spirituality Aura
→ Proof
⟨Use of PIP photography and Aura photography⟩

＊ Because interference may occur
Proceed in the following order:
transparent → white → golden

The First System

〈Individual Solution〉

- in a certain place
- How to heal an individual.
- Elimination of disability → Problem solving
  → Healing treatment

* Incubation Chamber 〈Transparent Energy Field〉
- Purifies clearly.
- Purification of the real and spiritual world.
- Clean energy field (purifies body and spirituality).

* White Chamber 〈White Energy Field〉
- Cleansing of unclean and turbid energy.
- Cleaning the spiritual world.
- Removal of spiritual obstacles

* Gold Chamber 〈Golden Energy Field〉
- Real world healing treatment.
- Restoration of normal function ---〉 Problem solving

* yellow (light green); Achieve the goal.

* purple; Defensive wall.

* 〈Golden Energy Field〉 solves the client's problems, heals and treats him, increases his power to purify himself, and increases his spiritual mass.
  It is an energy field that upgrades spiritual level.

* 〈White energy field〉 is an energy field that cleanses the negative and turbid energy of the spiritual world, participates in the healing process of the real world, and upgrades the spiritual level of the spiritual world.

* 〈Transparent Energy Field〉 is an energy field that clearly purifies all impurities and turbid energies in the real world and the spiritual world and purifies all obstacles.

* The Incubation Chamber emits heavenly energy.
  The White Chamber contains the energy of the earth.
  Gold Chamber lifts people's spirits.

* Gold Ball: Imagine a golden energy field in the form of a ball. During remote healing, the master can use it to heal a certain body parts.

* Gold Band: Imagine a golden energy field in the form of a band. During remote healing, the master can use it to heal a certain body parts.

The Second System

〈Solution for possession〉

- in a certain place
- Relieves possession
- Free the two souls.
- Scientific proof is needed. (explained later)

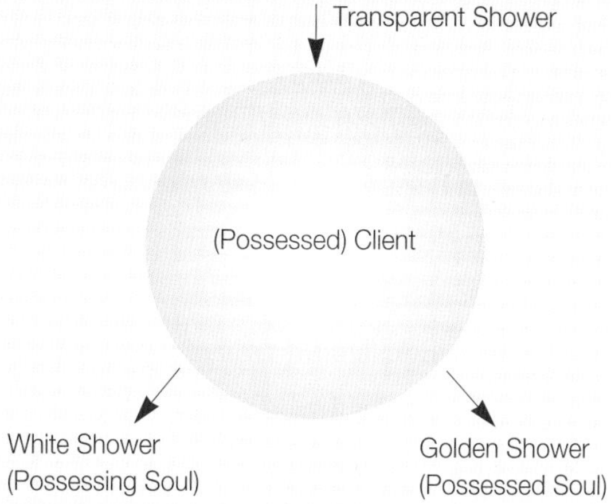

- Possession

  Between beings with a body and beings without a body

  It is a turf war and spiritual entanglement.

- To 2nd System

  Purifies the root of evil energy

  It resolves the root of the conflict and heals the two souls by separating them.

View healing process

- If you scan the possessed person's physical energy field, you will see two spiritual energies.
- If you change the projection of transparent light (healthy energy field),
- The possessing soul (white energy field projection) escapes to the spiritual world.
- Only the possessed soul (golden energy field projection) will be seen remaining in one's body.

The Third System

〈Master Solution〉

- in a certain place
- Relieves depression, suicidal impulses, etc.

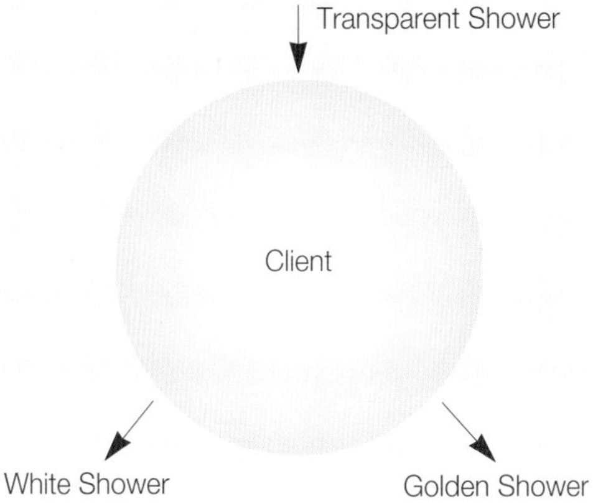

- The impure and cloudy energy fades out and becomes clearly purified. Spirituality becomes clear and bright.

* View healing process

〈Photography the colors of Aura〉

- The color of the soul is dark red

It changes to a bright color of white and yellow, clear and mild.

* This method

It can also be used to heal the body.

the Master Chamber

〈Remote healing is also possible through the Master's thought experiment〉

- Integrated Master Chamber

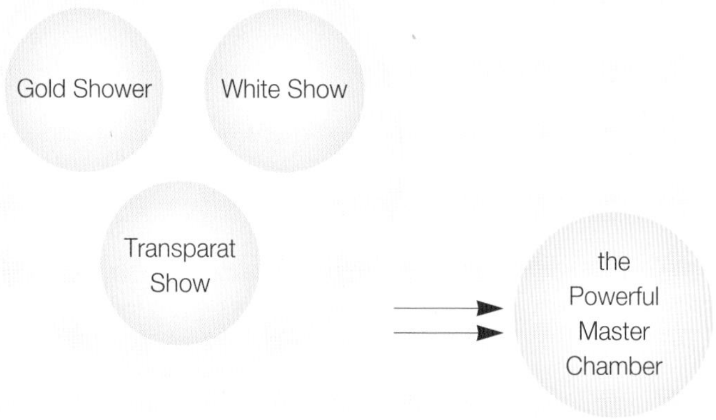

- Master Chamber for the real world;

  Golden shower ⟸ White shower ⟸ Transparent shower

- Master Chamber for spiritual system.;

  White shower ⟸ Transparent shower

* With the Master's telekinesis, remote healing is also possible through prayer.

Regardless of location, healing is done by leaving the other person (client) where they are.

Creating the Master Chamber

〈Virtual space using thought experiments〉

(Body fade-out... Thought fade-out...)

(In the empty middle... clear, bright and transparent... within the true self-truth)

- the Powerful Master Chamber on～～:
  Incubation Chamber operation; 〈Transparent〉 Energy～ clearly purified.
  White Chamber operation; 〈White〉 Energy～ Cleans up turbid energy.
  Gold Chamber operation; 〈Golden〉 Energy～ Healthy healing.
- Clear and purified... Cleansing of turbid energy...
  Healthy healing within the golden energy field.
- 〈The wish...〉
  〈The goal...〉
  〈The dream...〉 come true.
- Achieving one's desires and eliminating obstacles
  System-Maker, System-Master.

＊ Gold Ball: Imagine a golden energy field in the form of a ball. During remote healing, the master can use it to heal a certain body part.

＊ Gold Band: Imagine a golden energy field in the form of a band. During remote healing, the master can use it to heal a certain body part .

Remote healing by the Master

Use 〈the Super Ball〉.

〈the Super Ball〉: The three transparent, white, and gold colors circulate together in a container and are delivered intensely and smoothly to the client, giving them the finishing power.

Gold Ball and Gold Band can also be used for remote healing.

1st System

2nd System

3rd System

〈the Super Ball〉

Transparent~ white~ golden~ just with
the power of a shower
When healing does not occur smoothly, and gently,
it is promoted with powerful force.

Purifying the spirituality of people
set the soul free.
Breaking contradictions and
healing treatment
achieve success.

Scientific and rational approach → Prove

〈Explanation of the Second System〉

- Film the change process of spiritual beings

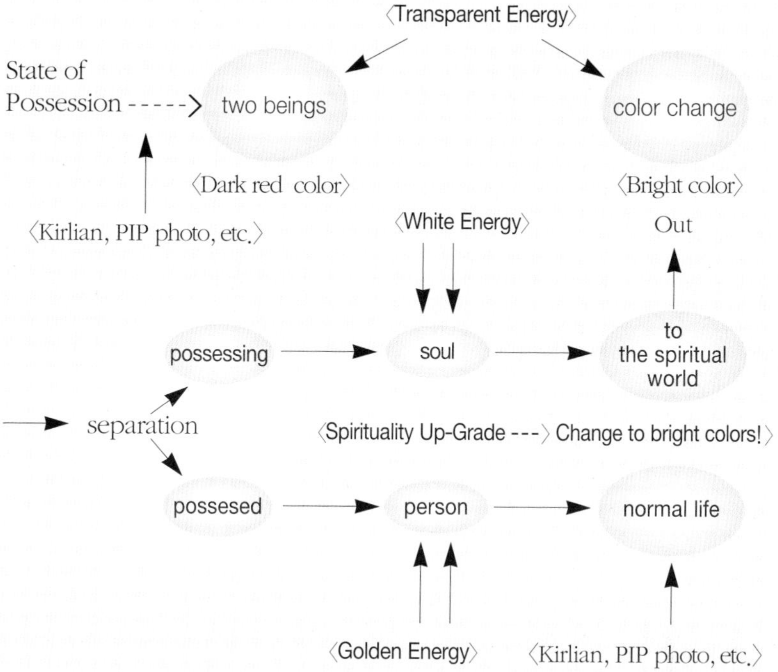

- Of a possessed person

When you scan possessed body's energy field, two energy fields (souls) will appear.

When a transparent energy field is projected here, the color changes brightly and will be separated into the possessing soul and a possessed soul.

In a possessing soul by projecting white energy,

it is upgraded and taken to the spiritual world.

The possessed soul, the original owner of the remaining body, by projecting golden energy, you can upgrade spirit and lead a normal life.

● Possession

a soul without a body enters the body of a being with a body and tries to act as its owner.
It is a turf war and a spiritual entanglement.
〈Soul Free System〉 resolves this tangle and allows each person to return to their own place.

● Even in normal times

〈Transparent+White+Gold〉 If you are inside 〈the Master Chamber〉 where the energy field flows,
your spirituality will become clear and bright, and you will be in a comfortable state of mind.

● We are

by using this 〈Soul Free System〉
It will be able to cure mental and spiritual disorders such as depression and suicidal impulses.

● Block-chain technology

It created trust where people had no choice but to trust each other.

This 〈Soul Free System〉

mechanically, physically and systematically

it will create a spiritual wound that will have no choice but to heal.

- 〈Soul Free System〉

  〈Basic theory to purify spirituality and free the soul〉

  The Powerful Master Chamber is a 〈spiritual healing treatment center〉.

  The Super Ball is 〈a chamber that quickly concludes spiritual healing treatment〉.

  It is a mechanism that allows the Master to perform remote healing.

- Contrary to this healing purpose

  a turbid energy field may have a negative effect on the human body.

  You will have to approach it cautiously.

- 〈Soul Free System〉

  It is work on a spiritual level that is invisible to the eye.

  Until it can be scientifically and rationally explained to anyone,

  it must be researched and developed.

Basic progression sequence

〈The progress time will be adjusted after further study and changed depending on individual differences.〉

- Before proceeding:

  Record counseling with client

  Take pictures of the client's spiritual state.

  (Two or more spiritual beings are photographed, or a spirituality is photographed with a sooty tint.)

- Step 1:

  Operate the system with Schumann resonance. 〈5 minutes〉

  (Make the client feel at ease.)

- Stage 2;

  Incubation Chamber on~~〉 〈10 minutes〉

  White Chamber on~~〉 〈10 minutes〉

  Gold Chamber on~~〉 〈10 minutes〉

  Operate the system sequentially.

  (The client's spirituality will change smoothly.)

- After progress:

  Take pictures again and check the client's spiritual condition.

  (A single spirit being is pictured or a brightly colored spirit is pictured.)

- Follow-up:

Implementing the I-Search Program with the client
Counseling to purify the mind
Continue the process of self-healing the root cause.

* Case 1:

My aunt's spiritual system process.
(Explained with an example later)
〈Cat → katydid → changes to a lark〉

* Case 2:

Young client counseling process.
(Counseled children from kindergarten to 5th grade in elementary school)
〈The picture has a dark red tint
→ Changes to white, yellow, blue, green, and pink shades〉

Two goals of this system

I. Complete the ⟨Soul Free System⟩ that enables spiritual healing.

II. Complete the ⟨Buddha System⟩ that can lead to enlightenment through the power of a clear, bright, and transparent energy field.

⟨Buddha System⟩ is from ⟨Soul Free System⟩

This would be possible by further strengthening the incubation chamber function.

Basic theory:

⟨Soul Free System⟩, the Master Chamber, the Super Ball

Buddha System

Systematizing the power of a clear, bright, and transparent energy field
Anyone can reach enlightenment with that power.

Connect to 〈Buddha System〉
The power of a transparent energy field brings man to the border of enlightenment.

For healthy people who want to achieve enlightenment
In 〈System Space〉

〈Gold Chamber〉
A 〈ground〉 that nurtures life with a golden energy field
→ 〈White Chamber〉:
A pure 〈energy field〉 that lives in emptiness as a white energy field
→ 〈Incubation Chamber〉:
With a transparent energy field
Enter the clear, bright, and transparent 〈true〉.

Even without going through difficult training
the day will come when we will attain Buddha's enlightenment.

Complete the 〈Seoul Free System〉 and 〈Buddha System〉,
which purify spirituality and free the soul.

天 地 人

〈Part 2〉

spiritual experience and related messages of Taegong

Based on spiritual experience,
it became the opportunity to create 〈Soul Free System〉.

These messages written based on
life
dream
meditation
dawn message
etc.

* Spiritual events
* Spiritual healing
* Spiritual experience
* Messages related to spirituality
*Messages related to 〈Soul Free System〉
* Messages about Taegong (太空)

〈Red Color text is a spiritually delivered message〉

(태공太空 Taegong is author's Buddhist name.)
(태공太空 Taegong means living, infinite space.)

Spiritual events

* Made me really angry~

 + The soul of aunt who ruined my siblings and family

  ⟶ Purify spirituality and send her to the spiritual world.

* What made me the most upset~

 + The soul of the birth mother whose face I don't know anything about.

  ⟶ Purify spirituality and send her to the spiritual world.

* What surprised me the most~

 + The soul of my father-in-law, whom I had never met and who has been dead for over 40 years, complains of discomfort.

  ⟶ Relieve.

 + A dead family member breaks down the door of my house and asks for support.

  ⟶ Release and send.

 + My wife's aunt called me in a dream and asked me to pass on a message to her descendants. The aunt ask my wife's sister-in-law in LA for support again.

  ⟶ Conveying her wishes to my wife's aunt's children.

* What disappointed me the most~

 + Hanbit: (the name of the girl who could have been my granddaughter) She could not be received and sent to another destiny.

  ⟶ I sends her to the right destiny and receives a message

saying I did a good job.

＊ It made me feel refreshed~

+ The soul of evil energy that caused trouble for my daughter and grandchildren tracked down and subdued.
  → Kneel down and apologize to me.
+ My daughter's life in China turned out smoothly.
  → Desirable results are achieved through prayer.

＊ It amazed me~

+ In case of car-sale accident in Wonju; A striking fist and a blocking palm.
  → The positive forces surrounding me overcome the negative forces.
+ I got to see my two grandchildren in advance when my daughter was in college.
  → Joyful and clear vision.
+ Fighting off the black energy at my daughter's music college entrance exam site
  → Overcome the crisis of the entrance exam and enroll.
+ Realize 〈Soul Free System〉 as a spiritual calling.
  → I saw myself watching this Korean peninsula in my past life. It was a calling to fulfill 〈Soul Free System〉 and 〈the Buddha System〉

＊ It makes me frustrated~

+ Bags of gold beads are opening
  ---〉 The economy, once broken, be resolved smoothly.

Spiritual healing

* A prayer to open the path to heaven for the birth mother.

Madam Yang and three generations of her mother and daughter live in the Miami tea room behind the Goryeo bag company I ran.

One morning, when I went up to have coffee, she told me to give her my fortune.

I talked her that I am a person who went to the temple,

I don't want it.

She talked to me give it today unconditionally and talk about it later.

She knows me well so I gave her my fortune.

She called somewhere and told me answer.

My father couldn't go because a woman was blocking his path.

My father has been suffering from cancer at Yeongdong Severance Hospital for several years.

She told him to perform an exorcism and release him.

Early that morning, Madam Yang's mother had a dream where the Grim Reaper came looking for me and sent the Grim Reaper away saying I was not there.

My father who was supposed to go didn't go and was holding on, so the Grim Reaper came to take the son instead.

She thought I needed to solve it.

I thought I should do it at least once for my father.

I asked that It will be conducted on the condition without killing pig heads, etc. and my wife will not attend performing an exorcism in the mountain.

My ancestors came down one after another and spoke to me.

My deceased grandmother's voice was the same.

The story was that the shaman said three things and they all worked out well.

→ I came down late at night and felt a bit uneasy, so I placed my hands together towards the Buddha in front of Beophwasa Temple in Hyehwa-dong, and a refreshing energy filled my whole body and I felt refreshed.

→ 3 stories were

1. Remove the stick given by the Zen master related to Danjeon breathing from you home.
2. One of the employees has a clear personality but will betray you.
   Take it out. 〈Employee already let go〉
3. Wife still keeps the mourning clothes that she wore when her mother's sister passed away.
   Get rid of it.
   Because of third story, I said to my wife all about performing an exorcism in the mountain.
   Take out the mourning clothes and put them away.
   → That night, in my dream, my birth mother wearing pink skirts and yellow jacket with happy face was showed me with our ancestors behind her.

* youngest aunt opens the way to heaven

I am holding a funeral for my father, who suffered from cancer for seven years and spent two and a half years in the hospital.

That day, my youngest sister was admitted to the hospital.

"What kind of soul makes our family like this?"

"I will make it clear." I said angrily.

Looking at my youngest sister, it seems like there is another soul inside her.

The church pastor tried to solve it by praying, but he couldn't.

I call a monk and he said "there's a woman sitting inside of my youngest sister."

"What can I do? " I ask.

"Please bring her to the temple."

"It's difficult to take her to the temple because she is in the hospital."

"Then it's even harder."

"Please come to our temple and pray with your wife for three days."

On the first day, a 'cat' appeared while praying, and on the second day, a 'katydid' appeared.

On the third day, I heard the sound of a 'lark' while praying and felt displeased.

On the day I finished praying, I asked my wife during lunch.

"Honey, did you hear the cat, katydid, and lark the day before yesterday and today while we were praying?"

When I asked, she said she couldn't hear it.

No, I heard it clearly. What is this?

The monk said, "Your ear to heaven was opened."

A few days later, in the morning, 'lark' was heard once more in

the living room of the house.
Hear the sound rising high into the sky.
My youngest sister was completely healed that day.
- Exorcist Kim's closing explanation.
I want to know what happened so far and identify the soul who brought such chaos to my family.
Exorcist Kim asked me to bring a photo of my parents.
Exorcist Kim places the photo I prepared in the Buddhist altar and raises a glass of clear water.
Beat the moktak and pray. I sit behind him and pray together.
(moktak: wooden percussion instrument used for chanting by Buddhist clergy)
Exorcist Kim explains after prayer.
"Even in the past life a few hundred years ago, my parents was a couple. My mother was very jealous.
One day, my father took a concubine.
While my father were away, my mother killed the concubine with a mat.
In this life, the concubine soul went to mother's family to resolve her grudge against my mother.
In the meantime, the soul turned my younger siblings into mentally and physically incompetent one after another. Finally, she was possessed by my youngest sister. She was saved through the sincerity of me and my wife, and the resentment was resolved.
"You did a good job."

* For a more detailed story, please read Part 3, 〈A Family History〉

* A friend who went

The image of my friend who left earlier overlapped with his wife A small black animal rides on the back of a large animal.

→ His wife being carried by her dead husband.

→ Recommendation to the monk for a ancestral rite.

→ After the ancestral rite, I heard my friend's cheerful laughter.

→ My friend's family blessings overlap.

* Father was hospitalized in a single room for a long time.

When the pain from cancer comes, he looks like cutting the body with a knife. After the pain passes, the attachment to life continues as if it never happened.

→ I feel as if several spirits are feasting on the body of my father.

→ I thought it was because he was too alone in the single room, so I moved him to a four-person room.

→ After some time, he passed away comfortably in the early morning when I am alone.

* Ten Ten (10cm 10mm): A sturdy spell.

Suffering from lumbar 4-5 neuralgia (spinal stenosis). Doctors recommend surgery. Repeat prayers for the 4th and 5th lumbar vertebrae to be 10cm long and 10mm in diameter so that there is more oil.

→ Someone is squeezing sticky grease between the lumbar vertebrae with their fingers.

→ The pain goes away and moves on without surgery.

Even now, 30 years later, there is virtually no pain.

← A couple of times a day, a Gold Ball is placed on the back pain area and the golden light illuminates it to help it heal.

* My wife eye surgery

My wife has almost no vision in one eye due to the macula. It is said that the same can happen to the other side if something goes wrong. While praying, I become a very small being and get into my wife's eyes and remove it with a very small knife.

From her eye, things like swarms of black flies swarm and fly away.

She said her vision was very shaken so she went to the hospital for a check-up. Fortunately, it is separated well so she does not have to worry.

* Sleep endoscopy

A dark entity moves from above my shoulder to underneath my body. After a sleep endoscopy, I fainted and was hospitalized for 3 days. The black being was crushed by the wheels of the truck and I stepped on it and crushed it. Discharge and make a full recovery.

→ The state of anesthesia is an opportunity for the black soul that is waiting for an opportunity while unconscious.

* Prostate surgery

On the subway on the way to see the test results, I clean the black soles of my shoes with water.

→ Washing under shoes = Prostate cleaning

→ Diagnosed as early-stage prostate cancer, treat with surgery

* My daughter's breasts are purified through my Master Chamber function.

While treating my daughter's breast fibroadenomas remotely, I heard the sound of "air refueling."

→ Aerial refueling=From Seoul to my daughter in Tianjin healing with the Powerful Master Chamber.

The side view of the breast is healthy, showing a clear pink color beautifully against the blue sky background.

After my daughter returned to Korea, her breast examination was found to be normal.

Spiritual experiences

* Wonju Car Sale Accident.

〈Strike fist and block palm〉

On the way back to Seoul after going to Wonju for a car sale, a bus full of students was going down a hill, couldn't keep its balance, crossed the center lane, and skimmed the side of my car.

About 1/3 of the rear view mirror and side of my car were destroyed.

Neither I nor the driver was hurt at all.

The bus is about to hit our car, at the moment,

I instantly see 〈a fist thrusting in front of my nose and a palm blocking it〉.

The police came and assessed the situation and determined that we were not at fault, and all remaining issues including insurance were resolved.

⟶ Strike fist=Force trying to harm me 〈Black Energy〉

⟶ Blocking palm=Force trying to protect me 〈Protective Spirit〉

⟶ Thanks to I am alive. I Have a sense of calling for the rest of life. I was saved for some reason.

* Hanbit (the fatal baby nickname of the baby who could have been my granddaughter)

I was sitting on a fishing chair, facing each other, making eye contact with a girl about three or four years old and talking to her.

She is my granddaughter who could have been born.

A girl of about two years old, wearing her pretty clothes and smiling, walked around in front of me.

⟶ My son and daughter-in-law are not having children even if I wait.

I pray for Hanbit to be sent off in the right way, to Hanbit, "Find a good relationship." Pray.

I gave the child I was holding to a woman.

Place my palms together with the two monks next to me and recite "Shakyamuni Buddha" six times.

Two monks, a tall-boned monk who was coming down from the mountain after paying his respects, and a monk who is his student monk, came to me.

The great monk reached out to shake my hand and said, "Thank you for your hard work this time." He likes it with a smile. He thanks me for taking the lead in doing the work well.

Shake hands one more time and leave.

A child (Hanbit) kisses a woman's cheek goodbye.

* Complaints from a father-in-law who has not even seen his face

〈Dawn of the day after Thanksgiving day 2015〉

My father-in-law and I sat at a long wooden table in a gloomy room and had a simple meal. My father-in-law was very upset about something. He goes up to his room on the second floor. After a while, my father-in-law comes down and reclines on the cot. To relieve his anger, I offered him a glass of water in a green plastic cup that I use at home.

→ This is the first time my father-in-law, whom I have never seen, saw me after getting married.

→ It seems like we connected with the Thanksgiving ceremony at Guryongsa Temple yesterday.

→ I pray for 3-7 days for my father-in-law's spiritual path.

→ 〈Prayer Answer〉

He enjoyed playing tennis on the tennis court on a clear day and laid out plenty of fruit for me to eat on the table.

A frank card with 'Smile'(微笑) written in large letters in Chinese characters is hung on the building next to the tennis court.

→ It ends with the father-in-law's 'smile.'

* The image of the mother passes by.

It seems like I doze off for a bit after lunch.

My deceased mother come out of the right wall and disappear into the left wall.

→ She visits often before the ancestral rites.

"Don't worry that we won't attend the ancestral rites."

→ A centennial memorial tablet is placed at Guryongsa Temple.

I talked to deceased mother "study according to your destiny and achieve Bodhisattva path."

* The aunt ask me.

My wife's aunt is calling in my dream.

"You can understand by raising your children, right? this is not for me." she said "Please hand over the 1.28 million won I prepared to my daughter."

→ This is a message delivered to coincide with aunt's memorial service, which is just a few days away.

I attended the ancestral rites with my wife and passed on this information to her descendants.

I talked to the aunt "from now on, please don't tell me this and tell it directly to your descendants.

→ Afterwards, the aunt appeared in the dream of my sister-in-law in the United States.

"I'm very hungry." the aunt said to sister-in-law. "Would you like to boil the fried rice that I brought from the cathedral?" my sister-in-law said.

The aunt said, "It's good," and boiled the fried rice.

⟶ Why did you go to your sister-in-law in America when you were told to speak directly to her descendants?

＊ Grandma took a long bag of snacks from her waist and gave it to me.

⟶ During the 625 Incident, my grandmother, who had been dead for nearly 70 years, gave me a bag of cookies!

Do you still want to take care of me because you feel bad for this grandchild having a hard time financially?

I forgot it a long time ago.

⟶ "Thank you. Don't worry anymore, get into a study relationship and prepare for your next life."

⟶ This is the grandmother who had been forgotten from her memory for decades.

I think the gift of cookies is magical.

⟶ The message is that even after several decades, she still cannot escape her obsession with giving her grandchildren one more piece of candy.

＊ Park Shaman

We became connected through prayer at my father.

I told Shaman Park, "If possible, attend Avalokitesvara Bodhisattva and practice the Buddha's dharma in this life."

She worship Avalokitesvara Bodhisattva.

→ From that day on, She stopped having customers.

It lasts a week and returns to its original state.

Her spiritual guidance and her food bowl are strict.

* Fighting off the dark energy that came upon my daughter on the day she took the composition and entrance exam.

I pray for my daughter who is taking the test in my car parked near the test site.

Change the X(negative) between my eyebrows to a+(positive) by turning it at a 45 degree angle.

→ My daughter passed the exam even though she rewrote it 15 minutes ago.

〈It was said it's impossible〉

* The image of a young woman sitting in front of me on the subway.

→ In the form of a middle-aged woman

→ In the form of an old woman

→ her skeletal form. She fades out.

→ Clearly shows the impermanence of our bodies.

* Changes a man's image staying at temple

- A man hanging upside down in a bathroom.

→ Leave as a homeless

→ A handsome man wears a traditional Korean clothes, holds a microphone, and broadcasts.

∗ Purifies old karma.

I killed a cat that was said to be 1,700 years old by crushing its neck with a piece of wood.

⟶ 1700 years old karma was also destroyed.

It can be said that most obstacles have been resolved.

∗ Look at my bones.

The bones of the spine, arms and legs are drawn as seen with the eye.

Messages related to spirituality

∗ (19/4/1) The day that 〈Integrated Daily Prayer〉 began!

〈The deadline for 10000 Days Prayer 4th Thousand Days 1st Hundred Days Prayer and the 3-year deadline for The Truth Lectures coincide on April 1, 2019. Isn't this also a strange relationship!〉

As I slide up the sandy hill, sunlight shines on the wide meadow. Brilliant. The weather was bad with rain and wind, but then it cleared up again.

Girls wear colorful clothes and dance to music.

⟶ The time has come to get rid of difficult times and enjoy them.

* Beginning and proceeding with the work of spiritual calling
〈Clearly explaining Dream〉

Normally, there was a railroad between this village and the other village, so it was difficult to cross. Today, I can clearly see the village across the street. This side is still a bit backwards, but the village across from there has been newly renovated. Cross over without much difficulty. People are dressed in nice clothes and are in a festive mood. The weather is clear and the mountains are blue. Now I have to climb the mountain. I took a mountain path that I used to take sometimes. Every time I go, I start thinking about why I feel a little awkward. While others change, I remain the same. I thought it was a bit strange and boring to follow the same path.

⟶ Up-Grade your spiritual status over several lifetimes.

* Block it by closing it with the golden door.

After blessings from relatives and soul, the golden door is closed.

⟶ Make the boundaries clear so that they do not cross each other.

⟵ When you want spiritual separation in the future
〈Close the golden door to block it.〉

* Treating spiritual people to a heavenly meal.
〈Clearly explaining Dream〉

The souls stand around and tell me to give them food, I ask how many people there are. There are 100 people. Then, place 200 bowls. Lay out the dishes straight away. A wonderful, colorful meal falls from the sky and fills the bowls.

* 25 years ago was 1996. 〈Clearly explaining Dream〉

"25 years ago," I heard, "the hands of the clock turned backwards."

⟶ It was the time when I cleaned up my Koryo bag company, recharged it, and started anew.

The age was returned to 55 years old. This time, I will not waste time, economy, passion and dreams. I'll focus on 〈Soul Free System〉, the Master Chamber, and the Super ball. It is a powerful message to complete my spiritual calling.

* Challenges of old age

While others are coming down, I am going up. Tear down the wall and cross the water. Meet the brilliant new world.

⟶ All my friends are going down. I climb up and achieve my dreams.

* change the bones of the body and get a new body

Take off the bones of my body. I am in my 40s appears.

⟶ "2004 I'm 36 years old." I hear a voice saying.

I started studying about mind at the age of 25.

* My life still operates in the morning time zone.

Please make a reservation for 10:25 not 3:00.

⟶ 95 years is my lifespan.

Until I complete my spiritual calling.

* Eyes shining like jewels

From the other side of the universe, I see a woman with sparkling, jewel-like eyes. She plays the violin and makes eye contact with me.

⟶ It seems to be the source of artistic abilities such as poetry and painting in this life.

* Go to welcome the post-heaven era.

〈Clearly explaining Dream〉

A lot of black hair falls out of my mouth.

Received black 108 prayer beads as a gift prayer beads and a rice bread making bowl with missing edges.

⟶ Black hair = karma annihilation

⟶ Black 108 prayer beads = limit of Buddhism

⟶ a rice bread making bowl with missing edges =ancestor limit

* The era of pre-post-heaven 〈Clearly explaining Dream〉

Of the two thick candlesticks, the first one is bent. The candle behind becomes bigger and bigger.

⟶ The prehistoric age is gone,
The post-cheon era is becoming more and more established.

+ In Korean new religion, it is a religious idea that the dark world of the pre-heaven ends and the bright civilized world of the after-heaven returns due to changes in fortune.

* Two powers over me

The turtle whose life I saved and the frog on its back. Two of them looking at me. A snake is looking at them.

→ Turtle Frog = Right hand blocking the fist.

Snake = A fist aiming to hit me.

* Choi taoist says

"You also have a lot of wealth," the Choi taoist talked to me.

← Open the bag of gold beads. I took one out and bit into it to see if it was real. It's real gold.

→ A bill of 20 million won was solved.

→ The wealth is ready. Don't worry about money, just do your job. It was another strong message.

* My spiritual power is capable of subduing the beings of the spiritual world at my will.

I go to many rough places holding my grandchild.

In one place, ghosts are creeping. Crowd around me. It's annoying so I subdue them with my fingers. They can't move.

* Now is the post-heaven era. The energy of the earth disappears and it is time to work with the energy of the sky.

The roof energy comes down to the ground.

* Mother passed away!

The car's prayer beads break.

* Protect my prayers from dark forces.

About 7 black cats come. Stand guard around the container box.

* The smell that comes from a person whose faith is distorted.

the smell of rotting apples

* I am the VIP of spiritual team.

The third VIP seat in the spiritual team is empty. I Sit in that seat. This is a young side view of me wearing a naval officer's uniform. Star on left shoulder strap and a rank insignia shines.

→ In the spiritual world, my status shines as a naval admiral.
My status is the same as that of senior elders.

* Transitioning into the spiritual world is also a joyful and joyful experience.

Even the colorfully decorated bier passes by.

* Move to top notch apartment. 〈pre-showing dream〉

Flowers on the apartment veranda are in full bloom at dawn. Musical notes fly joyfully into the air.

* Monk Deokam passed away from cancer.

〈pre-explaing dream〉

Daeseongsa Temple collapses.

* Prostate cancer surgery 〈pre-showing dream〉

They take chest X-rays in places like government offices, and the machine is very high. It is very difficult to take pictures. I barely managed to climb up holding the handle and tried to take a picture. I thought what facility is so difficult?

⟶ The shape of the prostate cancer robot operating room is the same.

* Let us pray diligently until spontaneous emergence occurs.

The broom sweeps the narrow street by itself and removes trash from the floor and gather together.

* Connect the origins of the real world with the spiritual world.

Pull the wires from both cords and connect them to each other.

* the White Chamber on~~

20 to 30 gray butterflies fly happily around me.

Communicate with ancestral spirits at the end of the 7-day prayer.

* The existing order collapses and new fortunes unfold.

108 The prayer beads break and a few beads fly out.

* Big changes in reality

I see a golden butterfly.

* New Year's move.

Fish that were not in the clear fish tank at home appear and move.

⟶ Moving into the new year with new vitality

* Raise your dreams clearly to the sky.

Launching a rocket cheerfully into the blue sky.

* Move the sky at will?

The sky goes up and down.

* Practice the Bodhisattva way.

'Buddha showed us a lot of mercy through our experiences so that we could achieve our purpose in this life.'

* Support from the spiritual world!

In the main hall of a temple, a monk stands with his palms pressed against the Buddha to offer my prayers.

* My wife fell while getting out of bed early in the morning and injured her spine.

My wife fell down while getting off the bus and got up again.

* A message telling me to go a little slower?

The corner of the cup cracked in the morning.

→ I hit the glass window.

The area above my right eye is slightly bruised and swollen.

* I hope that our country's fortunes will improve more than twice.

There is a large national flag that is twice as long as the standard one.

Messages related to 〈Soul Free System〉

* 〈Soul Free System〉 is a physical work that makes the soul pure, bright, and transparent.

* Completed 〈Soul Free System〉, 〈the Master Chamber〉, and 〈the Super ball〉, which purifies spirituality and frees the soul, and has a sense of calling to spread it widely.

* 〈Soul Free System〉 is a system that makes your mind clear, bright, and transparent.
  It is a task of finding the inner color.

* Don't worry about the economy and focus on 〈Soul Free System〉 〈Clearly explaining Dream〉
  (Indian university atmosphere)
  A sponsor toured the school with three students from the previous grade and me and one fellow student. A check worth 1.2 million won was given to the upper-grade female student who placed first in the classroom, and two checks worth one million won were given to two male students who placed second and third. Don't you pay for the books for us? So he gave me two checks worth 500,000 won.
  I keep one for myself and give one to a fellow student next to me. When I look at the back of the check, there are many names of people who signed it. I'm thinking about putting this in a

frame, signing it underneath, and hanging it in my classroom.

⟶ India = spirituality

⟶ University atmosphere=〈Soul Free System〉 Research Institute

⟶ 1st place female student 120=Buddhism (feminine: passive)

⟶ 2 3rd place male student 100=Christian Muhammadan (masculine: active)

⟶ My classmates and I each complete 50=50+50=100 together with our classmates.

⟶ Seniors = Spiritual leaders: Siddhartha Jesus Muhammad

⟶ Classmate = Someone who is currently somewhere interested in 〈Soul Free System〉 and will be completing research on it. He seems to be someone who is developing technology that can capture souls.

⟶ The person who gives the fund scholarship is not revealed = It is given by heaven.

⟶ Fund scholarship=research cost! Don't worry about money and focus on finishing.

⟶ There are many names on the check.
=It is a spirituality-related fund with a long history.
〈Soul Free System〉 is a valuable study.

＊ I make a report in the office with someone.

〈Clearly explaining Dream〉

The smallest amount is the UR ciphertext, and the slightly larger amount is the report is A's interim report, and the last report with the largest volume is the final version of Hangul(Korean letter).

→ It begins to accept and moves in the spiritual world.

→ someone=〈Soul Free System〉 lab researchers working together. Helping beings in the spiritual world.

→ office=〈Soul Free System〉 Research Institute.

→ UR ciphertext=1st report.
Report on 1st, 2nd and 3rd System.

→ A's interim report=Second report.
Unravel the system in more detail and present a reasonable solution.

→ Final Korean version of the report=Final report.
System explanation report that explains scientifically.

* Complete the Super Ball. That power is great!

〈Soul Free System〉 becomes a World Cup ball and floats in the blue sky.
A foreign player of big body was unable to block the ball I kicked and ended up scoring.

→ The Super Ball is activated.

* The system ends with 〈the Super Ball〉.

Someone said "It's already clear that the Super Ball has started."

* 〈Soul Free System〉 Prayer! Make clear to the sky

Cut the center of a large piece of cloth. Leave the ends open and fold the connected piece in half. Hang it on a long pole and raise it high in the sky.

＊ Imported equipment for 〈Soul Free System〉.

Deliver medical equipment to the office.

＊ Create a device to measure spiritual level relating to 〈Soul Free System〉

When you hold the round device, a number indicating your spiritual state appears as the needle rotates.

＊ The Powerful Master Chamber is widely known.

Hang a congratulatory flag from the Powerful Master Chamber on a large street with many cars passing by.

＊ Buddha is also covered in gold.

An impressive video comes to mind of microorganisms emitting golden light when they are at their peak of vitality.

→ Gold has a spiritual power that saves life.
Just as we study quantum atoms and molecules with light, we study spirituality and soul with light.

＊ Published 〈Soul Free System〉.

I published a book called 'The Korean Throne.'

＊ Cheonbugyeong Drawing in my mind

It is said that I built a battle comparable to the Battle of Hansan.

→ 〈Soul Free System〉 is a meaningful event comparable to the Battle of Hansan. It's a big event.

+ The Battle of Hansando or the Battle of Gyeonnaeryang was a naval battle in which the Joseon navy greatly defeated the Japanese army off the coast of Hansando, Tongyeong, on August 14, 1592 (July 8th in the lunar calendar, 25th year of King Seonjo's reign). The crane-wing formation, a form of encirclement and annihilation tactic used in land warfare, was deployed in a naval battle for the first time.

* 〈Soul Free System〉 is like a talisman that heals spiritual pain.

Collect amulets to create a genealogy of amulets. Easy to use.

→ 〈Soul Free System〉 research report is a book that purifies spirituality and frees the soul. Each of these units acts like a talisman that heals and heals spiritual pain.

* 〈Soul Free System〉 is well prepared.

Prepare a golden name card.

* We need photos that capture a person's soul.

Write the year, month, day, and day of the week and stick it on the wall. To make someone sit on the chair next to it. Take photo. Photos come out differently depending on the person's inner state.

→ Photographs of a person's soul are necessary for the work of 〈Soul Free System〉.

* The 〈Soul Free System〉 flag is fluttering.

The Korean national flag and the group flag are fluttering in the blue sky behind the wall.

* 〈Soul Free System〉 It heats up slowly and achieves great results.

A large, square pottery tea bowl measuring 1m is full of tea. It's slowly starting to get hotter.

⟶ Starting to get better overall.

Large ceramic tea bowl=the Powerful Master Chamber

Full dimension=Dream trees, etc.

Contents slowly start to heat up=〈Soul Free System〉 matures

* 〈Soul Free System〉 succeeds.

success~!

* 〈Buddha System〉 at the stage of enlightenment

I am doing the 〈Buddha System〉 that helps with enlightenment.

cut the stitches with a knife inside the bag and came out.

* The Powerful Master Chamber is a shot from God.

Some people call it 'God's shot'.

* Research on 〈Soul Free System〉 will continue in the future.

They ask us to submit prepared materials that can be used for 20 years to a large meeting attended by many people.

* 〈Soul Free System〉 First, publish it as a book.

The idea is to install it in a museum and see it.

* 〈Soul Free System〉 can be comparable to the discovery of DNA structure.

'Watson' during early morning prayer.

* 〈Soul Free System〉 It progresses quickly.

Put on a panel called "Goal" and ride on a moving train.

* The sky moves greatly and proves it.

Suddenly, a large transparent object shaped like a car tire appears in the sky. It rotates and begins to move due to
the action of an electrical device. I think there was a UFO. Someone next to me is trying to explain as if he is an expert. Become bigger in size. The entire sky changes like a lightning strike. The sky shakes and shakes greatly.

⟶ 〈Soul Free System〉 is a space where electrical and physical devices flow.

⟶ A message that conveys that my goal is quietly becoming more powerful.

* The value of 〈 Soul Free System〉 is equivalent to superconductivity.

Of the two products, one is mine and the other is my friend's. There are two values. Taking the two children to the hospital. I have a superconducting one called 〈Soul Free System〉, which is similar in price.

⟶ A message that the value of 〈Soul Free System〉 is equivalent to superconductivity.

Two children = one is Soul Free System and one is Buddha System.

* 〈Soul Free System〉 and Thought Experiment

The body, which is human hardware, can be seen both outside and inside. It is not difficult to treat with medicine and a knife. The human software, mind, heart, and soul, cannot be seen or touched. It is not easy to handle. 〈Soul Free System〉 deals with the spiritual part of the mind, which is software. We have no choice but to proceed as a thought experiment. This is also a difficult part.

* 〈Soul Free System〉 and related techniques

〈Soul Free System〉 is 〈a basic theory to purify spirituality and free the soul〉. The Powerful Master Chamber is a 〈chamber that creates a goal〉. The Super Ball is 〈a chapter that ends the goal quickly〉. It is supplemented with 'Self-hypnosis prayer method' and 'Open your luck and express your desire'.

* Don't worry about money and focus on 〈Soul Free System〉.

I manage a certain production facility (eggs?). You can publish a book twice a year, with a circulation of up to 10 million copies. Supported by UN funds.

⟶ I Studied sanitary engineering in the Netherlands with UN funds in 1973.

It will be completed with public funds=money sent from heaven.

→ To commemorate the 60th anniversary of high school graduation, the second poetry collection 〈Finding a Piece of Mind〉 was published with the support of friends.

Message related to Taekong 태공太空 (Jung Hyun)

〈Taegong means living, infinite space.〉

* 10,000 day prayer started: January 1, 2008
Deadline to pray for 10,000 days: April 1, 2038

* Taekong is System-Maker System-Master for the consumman of prayer requests and elimination of karma.

* Completed 〈Soul Free System〉, 〈the Master Chamber〉, and 〈the Super ball〉, which purifies spirituality and frees the soul, and has a sense of calling to spread it widely.

* The Buddhist name was set as Taegong 〈太空〉.
On the plane returning home after a trip to China, Taeher 태허〈太虛〉 appeared across the sky between my eyes.
→ Pure message of the true self.
→ Taeher 〈太虛〉 means the achievement of Tao.
It hints at the level at which I attained enlightenment in China in my previous life.

* My appearance in three lives:

Woman (India) ⟶ Mantra (Tibet) ⟶ Taoist (China)

The image of a woman from an old fairy tale in India. 〈Three Lives Ago〉

A man who drew mandalas and participated in political activities in Tibbe. 〈Two Lives Ago〉

A long-bearded Taoist man with long bones and a bamboo pole standing looking at the Korean Peninsula from the Shandong Peninsula. There is a large rock behind him, and an oil lamp is lit between the rocks 〈Past Life〉.

⟶ In this life, complete 〈Soul Free System〉 and spread it widely.

* The kidneys that protect me!

Eight giants with glaring eyes and a grim appearance similar to the Four Heavenly Kings are standing in a line.

* Become Pope.

I ran for office in the Roman Catholic election, was elected, and became Pope. I feel anxious the day before the election. I held an election that day. On the third day, I experienced peace without any worries.

* Became the head of a Jewish religion.

He said to me "You became the leader of the Jewish religion…"

* 〈Soul Free System〉 deserves a Nobel Prize.

Receive a medal along with the Nobel Prize certificate. A double medal too!

Double medal = 〈Soul Free System〉 and 〈Buddha System〉

* Complete the Tao.

Riding a bicycle up a mountain ridge, roll down. The bike is broken. My whole body is ruined. Everyone thinks I'm dead. I have a clear mind. I don't feel like I'm going to die. Making prayer beads out of stones related to accidents. I made 108 prayer beads with the 107 prayer beads I had. hang it around my neck

* Pray for the power of golden spirituality.

I am floating in the air as if levitating in front of the large temple, sit cross-legged.

The upper, middle and lower Danjeon have a silvery, golden and red color. Look down far away.

(Danjeon; it is the area about three inches below the navel. You can think of it as the most central part of the body.)

* Achieving enlightenment and Buddhahood.

Sit cross-legged with 〈Finger topic〉. Continue meditation for 5 hours. Starting with the fingers, the entire body disappears. Even a single white thread disappears. Enter the clear, bright, transparent border.

→ First experience of enlightenment.

→ The monk Subul proves it, and the monk Beopryun proves it again.

* The physical experience of the boundary of sudden enlightenment.

Being thrown out of a spaceship. The flesh decomposes and falls apart. Even the bones scatter and disappear. No trace remains.

* I'm studying properly.

Yellow dots extend out on both sides in two lines, meet at one point, I follow the line on the right.

* Fulfill my wishes.

Climb all the way up various types of ladders that lead to endless stairs.

* Only I am connected to my spiritual calling.

"Hyun Jung passed."

* Everything goes well.

Colorful circular plate turns to the right.

* Something as transparent as an egg appears between the eyebrows.

⟶ Is the third eye finally opening? Already opened.

* Eliminate the root cause of anti force?

A man in his 30s or 40s follows along. Uppercut punch go out and drop. We knock him down a second time and knock him down again a third time. In the shape of a small peak carved into the ground enter. Hit the embedded object with an ax to break it to a depth of 2~30cm. Cover up lid.

* The solution to a recurring dream ultimately ends in 'Buddha'.
After getting lost, I finally took the bus to Buddha Temple.
→ Commit to 〈Soul Free system〉.

* The appearance of individual egos in Taegong's eyes
Look down from the sky above. You can see people moving around on the rooftops of each round and square house. It looks small, like a tiny ant.

* I can see and feel the energy.
+ From each strand of hair of the person sitting in front of me on the subway, white energies spreading out.
+ White energy coming from the distant mountain border
+ The energy extends around the leaves and to the tips of the branches.
+ The leaves of the small tree rustle alternately to the music. Move.
+ When I put my hand between the branches, I felt a strong energy.

* White is the color that purifies the negative energy in the spiritual world.
I try to send a white long wind to soul and tried to save him.

＊ Body withdrawal.

I was burned and only my skeleton remains. I am looking down. I don't feel scared or upset at all.

＊ I look down rationally from above.

I board a triangle-shaped green aircraft high in the sky. look down

Triangle=rationally

＊ Melted once more in a furnace and purified

A picture of myself comfortably sitting cross-legged on a furnace.

＊ Those who have opened the eyes of wisdom teach wisdom.

I go to the front and gives a lecture. Lecture on surgery to replace the eye of an injured person with another person's eye.

Eye=Eye of Wisdom

＊ All ego elements disappear and only the true self remains.

I am clearly awake and become awareness itself. I am holding an open white envelope. Thoughts, emotions, and five senses are sucked into that white envelope and disappear.

＊ Poetry collections convey the truth.

A golden light shines in the hearts of those who receive my 'Finding a Piece of the Mind' poetry book.

＊ Cheonbugyeong천부경 also emerged from the clear, bright,

and transparent Self.

Cheonbugyeong floats clear, bright and transparent.

Cheonbugyeong curtains come down. After that, a clear, bright, transparent and empty pure energy field 〈true〉 is revealed.

(Cheonbugyeong천부경: This is a true sutra in which Han Bae-geom explained in 81 characters the 'principle of harmony', or the principle of the creation of the universe, in educating all peoples of the world with the ideology of Hongik Ingan.)

* The power of my inner strength and the power of magical power are superior.

In a neighborhood full of shamans, several shamans tried to test me. To take turns shaking something like a broom. They are surprised and scold me when I don't give a shit.

* It is said that the place in the universe that hides the most truth is water.

Write, hold, and read the words of truth in the water.

* Code-in access to the energy of heaven and earth on Mt. Baekdu.

I am happy that I discovered a tiger habitat deep in the mountains. They say they couldn't see me and only I saw them.

→ My prenatal dream is related to the tiger.

* I have a superior spirituality.

Two people, symbols of success, stand up from their seats.

Welcome me and give me a seat at the head of the table. I can hear many people applauding behind me.

* Being pushed to one side so that I can't do what I want.

It means 'I am a person nurtured by heaven.'

* Pilgrimage to 8 temples in 15 days

Gatbawi Clam Temple Neungin Seonwon Jeongto Buddhist Temple Local Temple Bongeunsa Temple Daeseongsa Temple Beophwasa Temple

→ I made a pilgrimage to the Holy Land without even knowing it during the transition from the pre-heaven era to the post-heaven era.

* The real world and the spiritual world are free.

Covered passages exposed above the ground, like a semi-basement, are connected in zigzag patterns. Everywhere I go, it opens and passes by.

→ The ground is the human world, the underground is the spiritual world, and wherever I want to go two-dimensional world.

→ The Powerful Master Camber, the Super Ball, etc. manage the two dimensions well.

* It's as if he's apologizing for interfering with my work and asking for forgiveness.

A man in his 40s or 50s kneels with a miserable face.

I said "Don't do that again from now on, just study."

* It is said to be a being of heaven.

While playing, my friends told me that I was 'a being from heaven.' Everyone was surprised.

* The world is wide and there is a lot to do, but···

My job has been decided and there is no need to wonder any more.

* My lifespan.

Truth age 70 (normal age 95) ⟶ 90 (105) extension?

* An idea came up to connect it with Cheonbugyeong.

To report this to heaven and receive its power!

* The direction I want to go is right.

99.999%%

* Respect for Taegong's pure dharma spirit.

A tall man bows his head in front of me.

* The infinite functions of the true self were acquired early on.

There is a log that can be used to make an acoustic guitar, so take it home and use it.

* During early morning prayers

I move happily, flying freely in the sky high in the air.

* My wish

Rather than being happy, always awake.

* I am the self and the ego.

I have two precious things. One is the space main body and the other is a device that orbits the main body.

Universe main body=true self

ego=device that makes the main body revolve

* Achieve the will.

Crossing over on the 〈Victory ship〉.

* A friend

I was a bit taken aback when he said, "I will practice Tao with Hyun Jung as my teacher."

* Poetry will be the starting point for a relationship.

Finding a piece of my heart through poetry.

* Insa-dong Poetry Exhibition.

It was an incident that threw a bright light on the world.

The publication of another collection of poetry was also an event that caused a great response.

* After traveling to India in 1995

"There is nothing more to wonder."

＊ Fit the artificial moon.

The arrow I shot hit the artificial moon very far away. Become a bird and fly towards the moon in the sky.

＊ It becomes a bright morning.

Suddenly the candles go out. It got dark, but then it became bright again. It seems that the candles have been lit again, and it is already dawn.

＊ Both prostate cancer and hernia surgeries were completed successfully.

Lift the crab cover of the left palm. A black cap emerges from under the skin again. The black object that comes with it, about 40 to 50cm long, is placed on the ground and crushed.

＊ Role rotation

Scribble old man! You have completed your role well by reaching the truth. Now, I will conclude my calling to use the power of this truth to share spiritual, material, and social enrichment with many people.

＊ 〈Pure truth body〉 in reality

A clear and transparent energy spreads around my body, centered around the middle of body. Golden energy spreads. White energy spreads around the body.

* Unification of North and South Korea is surprisingly easy?!

Digging the Grand Canal of Korea's east, west, south, and north.
Work on both sides little by little.
It is easily connected to the part that was dug so far.

* Be flexible.

explain to someone I use two methods to get things done. One is to stick to a set schedule. Another thing is to go quickly or slowly depending on the circumstances.

* I want to try a great project. Penetrating the country and penetrating humanity.

→ 〈Soul Free System〉 is the correct answer.
→ I'll become the System-Maker, the System-Master.
→ Naturally expand the relationship for the benefit of neighbor, societies, countries, and humanity.

天 地 人

Part 3

〈A Family History〉

A story that unravels the resentment of one soul

The rise and fall of a family and evolve

evolution of spiritually

〈A Family History〉

A story that unravels the resentment of one soul.
The rise and fall of a family and evolve.

＊ A happy family

- The couple was of good fortune and had three sons and the youngest daughter.
- The eldest son and second son were born within a year of each other, and the third son and the youngest daughter were three or four years apart.
- The father ran a business and earned enough money to live on. The mother lived only looking after her husband and taking care of her family.
- Like others, they lived as a refugee during the June 25 Incident. Although they had a hard time, they never starved or family died.

  They were able to overcome the hardships and settle down in Seoul.
- The first son entered the most prestigious K Middle School, the second son entered the prestigious private B Middle School, and the third son entered the prestigious public S Middle School. The youngest daughter enters J Middle School, a prestigious private school. All of the children were good at studying, which was a source of pride.
- The day the third son entered S Middle School, the father drank a glass of alchol that he was not allowed to drink. A gentleman

with scholar-like personality bursts through the front door. "Our sons are the best." He let out a sigh.

- This seems to have been the peak of the family's heyday.
- Afterwards, the business where the father worked caught fire. He ran a business on credit and fell into debt. For business to become so difficult that it is difficult to handle.

* Second son's deviation

- The second son enters high school and starts not going to school. A dark cloud began to gather in this house.
- Stubborn, saying things like, 'If Einstein discovered the principle of relativity, I can do it too.' 'If Edison invented electricity, so can I.' He doesn't go to school. He started to stay in his room.
- The parents could not understand the behavior of the son, who had raised them in a time when it was difficult to make a living without ever showing signs of trouble.
- The eldest son understand to some extent as he is the same age. For a while, he served as a bridge between the second son and his parents. As time goes by, the second son's deviation becomes more and more severe. There was no violence and his mentality became increasingly devastated.
- In the end, he ended up going to a mental hospital once every two or three years. Living a life of zero productivity for the rest of his life.
- Fortunately, his two daughters and a son have grown up well. In his later years, his children accompanied their father.

* Deviation of the third son

- Enter a good middle school and graduate from college. After hanging out with his peers, he started drinking heavily.
- He goes out to help his father with his business and drinks every day, saying he eats for business purposes. He get sick and seek revenge. If he is hospitalized and have ascites removed, he starts drinking again.
- His middle school son came home from school one day. sitting on a chair and looking at his dead father. After holding a funeral, sprinkle it on the mountain behind a temple.

* The youngest daughter's absurdity

- Born from a young age as the youngest of three sons and one daughter, her cuteness has grown to be all to herself.
- Her body was a bit weak, but she did well in middle and high school. She finished with ease. Slowly, her eyes and ears begin to darken.
- She even received an examination from a famous ophthalmologist at the time and a military doctor from the 8th U.S. Army. The cause could not be determined. Before her condition worsened, a U.S. Army doctor recommended that she learn Braille.
- She then met the wrong man at the church she attended and became pregnant. They also get married in an awkward manner. Unable to overcome the man's violence, she gave him alimony and divorced him.
- Suffering from possession. She escapes with the help of a monk

arranged by her eldest brother. Spending the rest of her life with her son.

* Dedication of the first son

- The eldest child was good at studying from a young age. He always won first place honors and was class president.
- Take good care of his younger siblings. Take care of household chores without saying a word. His parents were always proud of their eldest son.
- Throughout his life, he thought, 'If I collapse, my family might end up on the street.'
  Suffering from the psychological compulsion to say, 'It can't be done without me.'
- Raise this family without losing his duty until the end. The role of the eldest son in protecting parents and siblings is important.
- He had a weak body when he was young. Become healthy while attending middle school. He like studying while taking care of his younger siblings. He was an intelligent and upright student.
- When he was in middle school and high school, he enjoyed fun times with his friends by going hiking. During college, he was very active, working with children at a nursery.
- As the second son does not go to school, the atmosphere at home worsens. Until then, he had been very cheerful. Growing up with all the praise from those around him.
- Mediates between parents and younger siblings when they become upset. Personality becomes heavy. It seems like his

serious appearance has completely changed.

- Dreaming of studying abroad in the United States. After serving in the military, he also passed the study abroad exam. Almost finished preparing to study abroad. His dream of studying abroad was abandoned due to a fire at his father's workplace.
- He worked hard in the engineering corps, carrying shovels and digging the ground. In the second half of his career, he served as a KATUSA soldier with the U.S. military and received a special commendation from the commander.
- Worked as a civil servant after graduating from college. Completed an MBA in sanitary engineering at the Delft University of Technology in the Netherlands with WHO funding. He was a successful public servant who traveled to Japan and elsewhere and received a presidential commendation.
- His father has been in his business for a long time. Debts due to fires, etc. are increasing. He doesn't think he can see his family sitting on the side of the road. He gave up his career as a civil servant, which had a promising future, and resigned.
- He worked hard for over 20 years from dawn to late at night, even on Sundays. He ends up paying off a debt he thought he could never repay.
- Gradually, he feels more relaxed. Parents and siblings each prepare their own homes. He increasingly dislike the life of keeping money next to the money box.
- The national economy also changes from light industry to heavy industry. The future 10 years looks pessimistic. Relocating the

factory to China did not seem easy.

- Set a D-Day to organize business. Open a psychological counseling center and provide counseling mainly to teenagers.
- Feeling the limitations of psychological counseling within the institutional system. He decided to develop the 〈Soul Free System〉 for children who had suffered spiritual wounds like his younger siblings. He decided to develop a system that could provide spiritual healing through a scientific and rational method rather than through individual ability.
- At first, he thought the reason he was born in this life was to take care of his parents and siblings. He thinks about healing treatment for children who are unable to overcome spiritual wounds or who are suffering from suicidal thoughts or depression. He believe that his calling in this life is to find a way to heal systematically rather than through individual abilities such as monks or shamans. In that way, he decided to complete 〈Soul Free System〉 and spread it widely.

＊ His sister was hospitalized on the day of the funeral.

- The father passed away after suffering from cancer for 7 years. The first son had a funeral and enshrined the deceased in a shrine. That day, the youngest sister was admitted to the hospital due to mental illness. Looking at his sister, the eldest son is really angry.

  "I can't see it, but I will definitely find out who is ruining our family like this and I will not forgive them."

* The first son's anger and determination

- The eldest son has not lost his determination even once. The day his sister was admitted to the hospital for mental illness, he decided "I will definitely find out who is ruining our family like this and I will not forgive him."

* Release possession

- The first son's young sister, who was hospitalized, was able to see that she was not something that could be cured through simple psychological counseling. She seems that another presence was controlling her.
- He tried asking the pastor of the church his sister goes to, but it didn't help much. He called the monk for a favor and as soon as the monk received his call, the monk said, "There's someone inside your young sister." He was surprised.
- He goes to a distant temple with his wife for three days and devote himself to prayer. His young sister was released from possession and has been doing well since then without any relapse.
- On the first day of the three-day prayer, he heard 'the sound of a cat meowing'. On the second day, he heard the 'sound of a katydid crying'. On the last day, listen to the 'sound of a skylark rising high into the sky and singing.' He was able to hear and confirm with his ears the process of the soul's spirituality, which had been possessed by his young sister's body, being purified and progressing to the realm of spirituality.
- He was surprised that only he heard it and his wife who was

attending the prayer did not hear it. The monk said to him, "The spiritual power of hearing the sounds of heaven was revealed."

* Exorcist's explanation

- After the first son's young sister was released from possession and returned to normal.
  There was no change in his determination to 'find out what kind of soul is the one who ruined my family like this.'
- To solve this problem, he met a bright-eyed exorcist. At the exorcist's prayer station, he placed his parents' photo on the Buddhist altar and joined in his devotion to prayer.
- The Exorcist spoke after praying for about an hour.
  "About 400 years ago, the parents were a married couple.
  Noble families often took concubines. The husband also took concubines one day. The housewife's temper is strong and her jealousy is at its peak. After her husband leaves the house, the wife orders his servants to roll the mat. The concubine died because of it. To avenge that resentment, she was born in this life as the wife's younger sister. After that, she held a grudge and started snooping around the wife's family. The wife was still so strong that she couldn't touch her directly. Her eldest son was also not one to be taken lightly. The angry soul destroyed the weak younger brothers one after another. Fortunately, the eldest son opened the way to heaven and the soul went her own way.
  You did a good job anyway." the exorcist Kim said.
  Explain the story so far.
- "My mother doesn't have her sister." I said. The exorcist said,

"No, there is." He said it in one word. "Oh, really?" and finished.

- Come out and call the great aunt who is far away and ask. "Auntie~ Do I have a youngest aunt?" "Yes." "But why don't I know?" "You don't know because she died young." "But why didn't anyone tell me?" "When she got married, her bad husband kicked her baby in the stomach and she died with the baby. "What good would I say?"

* Ah, I see.

The body dies and disappears, but the soul within it lives. The soul is carrying the same resentment from his lifetime. Looking for an opportunity to solve the problem. When the soul meet the right chance, the soul try to resolve his resentment.

* Even if you die, it is carried with your soul.

Regardless of good and evil, karma is immersed in alaya consciousness which is left at the past life.

I was able to know that if a soul encounter a connection (opportunity) in this life, the soul will try to solve it.

We must study our minds. To believe that one should end this life gently and leave, I decided to complete 〈Soul Free System〉 and spread it widely to spiritually free wounded souls, especially teenagers.

* Realize the mercy and sorrow of mercilessness

The eldest son helped his brothers raise their children without starving, even though they did not earn a single penny.

His younger brothers showed the eldest brother how they suffered from spiritual violations, leading him to explore and realize the spiritual world.

As a result, the eldest son allowed his parents and siblings to make a living, and the parents and siblings allowed the eldest son to study his mind.

Ruthless Mercy Realizing this connection.

It can be said that this is the principle by which mercilessness becomes mercy and suffering becomes path to enlightenment.

Evolution of spirituality

three days
I gave my sincerity

First day
The cat meowed angrily

Second day
The katydid made a soft grass sound

Third day
The skylark song and flew high into the sky

Answer to sincere prayer is like this

a few days later
The skylark song again

Expressing the gratitude.

entangled in a network
The relationship is beautiful and strict.

〈Attachment〉

* Prototype of prayer

* Standard prayer

* Open luck and express wishes

* Self-hypnosis prayer method

* Grow a dream tree.

* Cheonbugyeong (천부경天符經)

most

empowered

basic and reasonable

Prototype of prayer

〈7days+3days: Prayer〉

7days of prayer

after

Incubate for 3days

〈Response from the spiritual world〉

Standard Prayer

〈Aje-A-Je〉
Buddha
〈Code-in to connect with the energy of Mt. Baekdu〉
〈Cheonbugyeong〉

〈Baraaje〉
Spirituality Evolution

〈Baraseungaje〉
In the clear, bright and transparent true self

(Target)

the Powerful Master Chamber on~~

Purified clearly, the evil energy fades out
Shine Brilliantly golden, brilliantly golden, brilliantly golden

〈Contents of petition〉

Best wishes
〈Mojisabaha〉

Forgive me, I'm sorry, thank you, I love you.
(3 times)

〈Om Amoka Vairochana Mahamudra Mani Padma Jvara
Prabhareung Tayahum〉
(3 times)

Open luck and express wishes

〈Aje-A-Je〉
〈Baraaje〉
〈Baraseungje〉

==〉 Tung~ body and thoughts fade-out!

==〉 Clear, bright and transparent true self
A pure energy field
A garden that nurtures life

==〉 the Powerful Master Chamber on~~:
Incubation Chamber on~~
White Chamber on~~
Gold Chamber on~~

==〉 4-character idiom:
Forgive me, I'm sorry, thank you, I love you.
(episode 3 times)

==〉 I am making a petition

〈content of petition〉

Best wishes
〈Mojisabaha〉

〈Descent into samadhi of annihilation〉
〈Go to the system〉

Self-hypnosis prayer method

prayer before sleep

While sleeping

Even in a half-asleep state
A prayer method that continuously continues the prayer petition.

In a half-asleep state
A prayer method that hypnotizes oneself.

If you continue steadily

Gradually, the content of the prayers began to feel natural.
Clearly drawn and emerging

A message is being completed.

Grow a healthy and strong dream tree

- Prayer wishes and wishes

It is not about clinging to and praying to Buddha or God. I clearly state my wish to heaven (my true self) and entrust it. The goal is to help those who are connected to the spiritual world and achieve this together.

〈The dream tree is growing bigger〉

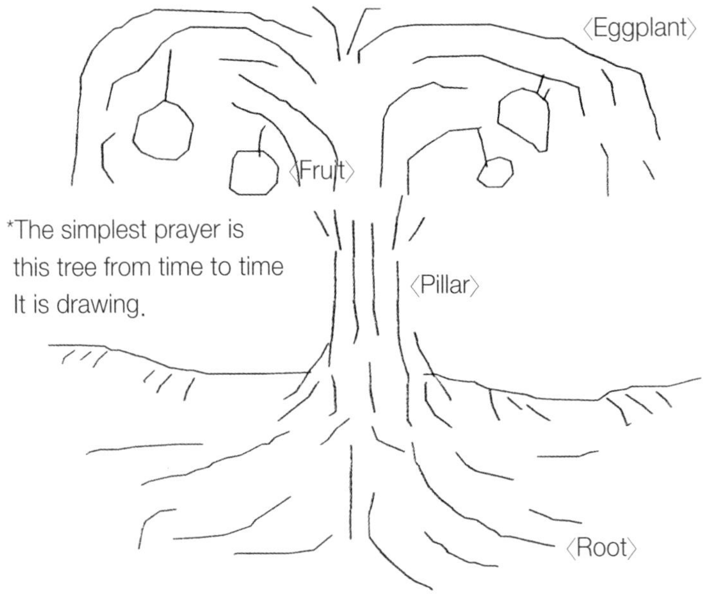

- Root: 〈Good health!〉
- Pillar: 〈Economy OK!〉
- Eggplant: 〈Life is OK!〉
- Fruit: 〈Dream OK!〉

천부경

일시무시일석삼극무
진본천일일지일이인
일삼일적십거무궤화
삼천이삼지이삼인이
삼대삼합육생칠팔구
운삼사혹한오칠일묘
연만왕만래용변부동
본본양심태양이명인
중천지일일종무종일

Cheonbugyeong

ilsimusiilseogsamgeugmu
jinboncheon-il-iljiil-iin
ilsam-iljeogsibgeomugwehwa
samcheon-isamjiisam-in-i
samdaesamhab-yugsaengchilpalgu
unsamsahoghan-ochil-ilmyo
yeonman-wangmanlaeyongbyeonbudong
bonbon-yangsimtaeyang-imyeong-in
jungcheonjiil-iljongmujong-il

(Read 〈Cheonbugyeong〉 in Korean.)

〈Cheonbugyeong〉 is a true story in which Han Bae-geom interpreted the 'principle of harmony', or the principle of universe creation, in 81 characters to educate all people in the world with the ideology of Hongik Ingan.

太空 Soul Free System

지은이 / 현정
발행인 / 김영란
발행처 / 한누리미디어
디자인 / 지선숙

08303, 서울시 구로구 구로중앙로18길 40, 2층(구로동)
전화 / (02)379-4514, 379-4519
Fax / (02)379-4516
E-mail/hannury2003@hanmail.net

신고번호 / 제 25100-2016-000025호
신고연월일 / 2016. 4. 11
등록일 / 1993. 11. 4

초판발행일 / 2023년 11월 7일

값 25,000원

ISBN 978-89-7969-880-0　03180